# APRENDER PENSANDO

*APRENDER PENSANDO*

© Del texto: M.ª Francisca Calleja e Isaac Pascual
© De esta edición: Editorial Brief, 2024 (Grupo Editorial Sargantana)
Email: info@editorialbrief.com
www.editorialbrief.com

Primera edición: mayo, 2024

Impreso en España

Los papeles que usamos son ecológicos, libres de cloro y proceden de bosques gestionados de manera eficiente.

ISBN: 978-84-18641-45-9
Depósito legal: V-1742-2024

Observatorio
PEDAGÓGICO

# APRENDER PENSANDO

M.ª Francisca Calleja
Isaac Pascual

EDITORIAL
brief

*Al final de mi carrera he conseguido llegar a la meta y en este momento paso la antorcha encendida a mi nieto Isaac. Con todo mi cariño le deseo que, con su esfuerzo y la ayuda de sus padres, profesorado y amigos, alcance la competencia necesaria para mantener la llama encendida.*

*María Francisca Calleja*

*A mi mujer, con quien comparto el camino de la educación de nuestro hijo Isaac, y a mi madre, por haber dirigido el mío propio.*

*Isaac Pascual*

Quiero empezar estas líneas dando unas breves pistas que ayuden a entender por qué se me ha otorgado el honroso cometido de escribirlas.

Coincidieron con mi época de vicerrector de Desarrollo e Innovación de la Universidad de Valladolid los años en los que el Grupo de Innovación Docente (GID), formado por 58 profesores con docencia en 90 asignaturas impartidas en 70 titulaciones, ofrecieron a su alumnado el modelo universitario de la herramienta Aprender Pensando adaptado a formato electrónico. A lo largo de tres cursos académicos, 1484 estudiantes utilizaron dicho instrumento de autoevaluación en la adquisición de estrategias generales de aprendizaje. Creo honradamente que mi aportación consistió en dar apoyo moral a dicho proyecto.

Tengo que dejar claro que no soy experto en educación ni en psicopedagogía ni en didáctica. Solo soy un enseñante de a pie y, por tanto, mis opiniones provienen exclusivamente de la experiencia diaria.

Comencé mi trabajo de enseñante como profesor ayudante en el Departamento de Química Inorgánica de la Universidad de Valladolid a finales de 1980. Se han cumplido ya más de cuarenta años dedicados a enseñar, a transmitir conocimiento. Muchas cosas han sucedido desde entonces en el mundo de la educación, y no todas para bien.

Quien lea estas líneas puede llegar a tener la sensación de que están escritas por un viejo cascarrabias, y quizá esté en lo cierto. Os animo a que sigáis leyendo, a pesar de todo, y al final dediquéis un minuto a reflexionar sobre ellas. A falta de otros argumentos y parafraseando a Antonio Carlos Jobim «en el pecho de los desafinados [aquí los cascarrabias] también late un corazón».

Se dice que vivimos rodeados de un exceso de información. Yo diría que vivimos en un mundo donde una cantidad importante de información se encuentra perdida entre una enorme cantidad de ruido. Para nosotros, a quienes nos tocó vivir en unas épocas en que encontrar un determinado libro o artículo en nuestras bibliotecas era toda una aventura, esto resulta casi milagroso. Tenemos virtualmente todo el conocimiento humano al alcance de un clic. La cara oscura del fenómeno es que todo ese conocimiento está acompañado, en el mejor de los casos, por contenidos banales y, en el peor, por ideas delirantes o incluso claramente tóxicas. Parece que vale todo. Las ideas conspiranoicas, los negacionismos fanáticos, los fanáticos antinegacionismos, la pseudociencia, el terraplanismo, la quiromancia, el tarot... se pueden encontrar en la red al mismo nivel y casi siempre en páginas mucho más atractivas que las que aportan conocimiento riguroso.

Hace más de un siglo se decía que un ciudadano solo podía ser verdaderamente libre si estaba *bien* informado. Pongo *bien*, así en cursiva, porque la palabra se utilizaba en el contexto del derecho del ciudadano a la información, y la palabra tenía el significado de información suficiente. En el escenario de exceso de información que he presentado más arriba, yo diría que un ciudadano solo es verdaderamente libre si está *bien* formado. Aquí el *bien* tiene dos significados: el ciudadano tiene formación suficiente para poder entender lo que se le presenta, pero, además, tiene una formación de suficiente calidad como para poder discriminar lo verdaderamente relevante de lo tóxico o simplemente banal. En estas circunstancias, ¿qué pasa con el ciudadano en formación? Es tópico, pero rotundamente cierto, que el futuro de la sociedad está en manos de sus jóvenes. Creo firmemente que la sociedad será mejor si conseguimos que nuestros jóvenes estén mejor formados. Aquí nos encontramos con la misma paradoja: las nuevas tecnologías ponen a nuestra disposición una cantidad muy importante de recursos que hace tres décadas eran impensables, pero acompañados de ingente ruido y abundantes distracciones.

Se oye a menudo que es importante motivar a los estudiantes y, sin duda, ello es cierto. Sin embargo, la tarea no es sencilla. Podríamos decir que los mayores problemas de los jóvenes provienen del exceso de estímulos. Es difícil competir con la enorme cantidad de ofertas de satisfacción inmediata que nos rodean en todos los ámbitos y a las que los jóvenes son más vulnerables.

Por otro lado, la transmisión de conocimiento es un proceso que los termodinámicos llamarían, y disculpen la palabreja, endergónico: el que enseña debe realizar un esfuerzo, pero el que aprende debe realizar un esfuerzo aún mayor. A veces esto se olvida y se pretende, al menos por algunos, que el acto de aprender debe producirse sin esfuerzo. Cualquiera que practique un deporte o aprenda a tocar un instrumento musical sabe que no se puede progresar sin un esfuerzo constante y medido. Lo mismo cabe decir de las matemáticas, la física, la gramática o la geografía. Naturalmente, el esfuerzo será más grato si la temática nos es más grata, ya que la sensación de progresar en algo que nos gusta, proporciona una satisfacción que compensa sobradamente el esfuerzo realizado. Pero, incluso en aquellas disciplinas que no nos resultan muy atractivas, hay un factor que siempre es gratificante: la sensación misma de progresar. Cualquier tarea, por muy fastidiosa que nos resulte, se hace más llevadera cuando podemos sentir que vamos avanzando. Al igual que en el deporte, es importante medir el progreso con relación al esfuerzo realizado.

En mi opinión de enseñante de a pie, la mayor virtud de la herramienta Aprender Pensando es que permite al propio estudiante autoevaluar el esfuerzo realizado y relacionarlo con el grado de avance en su aprendizaje. Se puede usar a diario para dosificar el esfuerzo y conocer mejor el nivel de adquisición de estrategias generales de aprendizaje que proporcionan al estudiante una estimación razonable, y basada en hechos reales, de su desempeño en la tarea de aprender. Como efecto beneficioso secundario, pero importante, Aprender Pensando pone en manos del estudiante una poderosa herramienta de crecimiento personal y de maduración.

En un contexto en el que abundan las teorías buenistas, las ideas vacuas y las ocurrencias tontorronas, es muy de agradecer que profesionales como la profesora Calleja y el profesor Pascual hayan puesto su experiencia, sus conocimientos y su mejor saber hacer para crear esta herramienta seria, rigurosa y que tanta falta hace.

Puesto que, en lo fundamental, he dicho todo lo que quería decir, voy a hacer caso del consejo de don Quijote: «Sé breve en tus razonamientos, que ninguno hay gustoso si es largo».

**Daniel Miguel San José**
*Catedrático de Química Inorgánica*
*Rector de la Universidad de Valladolid 2014-2018*

La presente publicación está dirigida al profesorado, equipos de orientación y familias con hijos en edad escolar que estén dispuestos a implicarse y proporcionar a sus estudiantes e hijos la oportunidad de entrenarse en la adquisición de estrategias generales de aprendizaje.

Aquí se presentan dos instrumentos de autoevaluación denominados «herramienta Aprender Pensando» y «herramienta Enseñar Pensando».

La **herramienta Aprender Pensando** consta de tres modelos: modelo 1, dirigido a los estudiantes de 5.º y 6.º de Primaria; modelo 2, a estudiantes de Secundaria-Bachillerato; y modelo 3 a estudiantes universitarios.

La **herramienta Enseñar Pensando** consta de dos modelos: modelo 1, para el profesorado no universitario; y el modelo 2 para el universitario.

Los tres modelos de la herramienta Aprender Pensando son el resultado de una amplia investigación realizada con un total de 5342 estudiantes de los distintos niveles a lo largo de más de dos décadas. Su uso continuado ha demostrado ser eficaz en el entrenamiento en la adquisición de estrategias generales de aprendizaje.

El contenido de los tres modelos recoge la experiencia de otros estudiantes pertenecientes a cada uno de los tres niveles educativos, así como los pasos que fueron dando a lo largo de las sucesivas intervenciones efectuadas con el objetivo de desarrollar la dinámica de Aprender Pensando. Los tres modelos ahora brindan a otros la oportunidad de poder llegar a ser como ellos lo fueron: estudiantes estratégicos.

Movidos por el objetivo de integrar en la práctica docente el uso de la **herramienta Aprender Pensando** nivel universitario, durante tres cursos académicos se desarrolló en la Universidad de Valladolid un grupo de innovación docente (GID). El profesorado que forma parte de dicho grupo, a través de una adaptación multiplataforma, ofreció al alumnado la posibilidad de utilizar la herramienta como instrumento para la adquisición de estrategias generales de aprendizaje.

Se presentan los dos modelos de la herramienta Enseñar Pensando, dirigidos al profesorado para la adquisición de estrategias generales de enseñanza a partir de la autoevaluación y autorregulación de la actividad docente y educativa.

El **capítulo primero**, titulado «Proyecto Aprender Pensando: entrenamiento en la adquisición de estrategias generales de aprendizaje», se divide en cuatro apartados.

En el primer apartado, se presenta el proyecto detallando los objetivos, los contenidos y el procedimiento metodológico seguido.

En el segundo, nos detenemos brevemente en los distintos procesos: cognitivos, afectivo-motivacionales y conductuales por formar el armazón que llena de contenido, coherencia y cohesión al proyecto.

En el tercero, nos acercamos al concepto de estrategias generales de aprendizaje, entendido como el conjunto de procedimientos capaces de aplicar al aprendizaje distintas características de los diferentes procesos. Por todo ello, las estrategias generales de aprendizaje son inseparables de los procesos en los que se apoyan.

En el cuarto nos referimos al papel de los autoinformes como procedimiento metodológico seguido. Los autoinformes nos permiten conocer la dinámica de autorreguladores y planes que los estudiantes van introduciendo en su aprendizaje diario. Esta dinámica les ayuda a convertir la teoría de los planes y metas en vida por medio de acciones y conductas concretas.

El **capítulo segundo**, titulado «Estructura de la herramienta Aprender Pensando: teoría y método», comienza exponiendo la teoría de las variables personales de Mischel (1981, 1990, 1995 y 1996). En ella se considera que las variables personales son el producto de la historia total del individuo y reflejan el modo activo con el que se enfrenta a la situación, ofreciéndole la posibilidad de generar patrones complejos de conducta. Mischel (1968 y 1977) afirma que para aplicar la teoría a un dominio particular y concreto se necesita identificar las representaciones mentales y las relaciones mutuas.

Siguiendo este modelo, aplicamos al dominio concreto del aprendizaje académico la teoría de las variables personales. Para identificar, como aconseja el autor, las representaciones mentales cognitivas, afectivas y sus relaciones mutuas, recurrimos a los autoinformes elaborados por los estudiantes.

El modelo 1 de la **herramienta Aprender Pensando**, dirigido al alumnado de 5.º y 6.º de Primaria, se valida con la participación de 576 estudiantes de dichos cursos. El modelo 2 de la **herramienta Aprender Pensando,** nivel de Secundaria-Bachillerato, se valida con la participación de un total de 2480 estudiantes de los diferentes cursos de BUP-COU (que en la actualidad se corresponden con Secundaria y Bachiller). El modelo 3 de la **herramienta Aprender Pensando,** nivel universitario, se valida con la participación total de 2286 estudiantes universitarios matriculados en diferentes titulaciones y cursos.

En el **capítulo tercero** se presentan los tres modelos de la herramienta Aprender Pensando como instrumento de autoevaluación reflexiva que ayuda a los estudiantes a revisar y tal vez reajustar los esquemas que tiene elaborados:

1.º Sobre su conducta: evaluando la tarea de cómo aprenden y cómo pueden aprender, lo cual les permite definir el problema.

2.º Sobre sí mismos: analizando las disposiciones que tienen tanto para afrontar la tarea de forma eficaz como para invertir el esfuerzo necesario hasta conseguir las sucesivas metas.

3.º Sobre el entrenamiento en la adquisición de estrategias generales de aprendizaje: metacognitivas y afectivas.

En el **capítulo cuarto**, titulado «Grupo de innovación docente y adaptación a formato electrónico de la herramienta Aprender Pensando nivel universitario», se informa sobre el Grupo de Innovación Docente (GID) formado en la Universidad de Valladolid a partir del interés de unos profesores por incluir en la práctica docente el uso del modelo 3 de la herramienta Aprender Pensando.

Tras analizar las características del aprendizaje del alumnado contempladas en el Espacio Europeo de Educación Superior (EEES) y seleccionar las competencias, se redactó el proyecto Aprender Pensando: entrenamiento en estrategias generales de aprendizaje autorregulado y competencias transversales. Los estudiantes utilizaron el modelo 3 de la **herramienta Aprender Pensando** como instrumento de autoevaluación adaptado a formato electrónico.

Tanto de la adaptación multiplataforma como de la gestión y mantenimiento de la página web se encargaron dos empresas externas a la universidad: Logiciel Software Factory y BIP Asesoría Tecnológica. El uso continuado de la herramienta Aprender Pensando permitió a los estudiantes el entrenamiento en la adquisición de estrategias de aprendizaje autorregulado. Para todo el profesorado participante la experiencia de compartir y aunar esfuerzos por conseguir el objetivo común de mejorar el aprendizaje del alumnado fue enriquecedora.

Por todo ello, se invita al profesorado de los distintos niveles a participar en proyectos que ofrezcan al alumnado la posibilidad de entrenarse en la adquisición de estrategias generales de aprendizaje. La posible adaptación a formato electrónico de los tres modelos de la **herramienta Aprender Pensando**, junto al interés compartido entre profesorado y alumnado, puede convertirse en una importante oferta educativa.

En el **capítulo quinto**, titulado «Mediación familiar y escolar», se resalta la necesaria e importante acción educativa que supone la implicación mediadora de la familia y del profesorado. Sus actitudes positivas suponen un refuerzo y estímulo que los hijos y estudiantes reciben de la situación ambiental más próxima.

A continuación, se presenta una relación de características tanto positivas como negativas para desarrollar o evitar en la familia las respuestas literales de 320 profesores de Primaria y Secundaria a quienes se les planteó la siguiente pregunta: «Dentro de la tarea educativa que corresponde a la familia, a vuestro juicio, ¿qué actitudes positivas y negativas creéis conveniente desarrollar o evitar en ella?».

En el **capítulo sexto**, titulado «Construcción de la herramienta Enseñar Pensando», se da cuenta del procedimiento seguido para su construcción a partir de las respuestas dadas por 373 estudiantes del CAP (Curso de Aptitud Pedagógica) ante la siguiente pregunta: «¿Qué características resaltarías de los buenos profesores que has tenido a lo largo de tu amplia trayectoria como estudiante y que ahora pueden servirte como modelos?».

El procedimiento comienza analizando las características con las que este grupo de licenciados, según su experiencia como estudiantes, recuerdan, resaltan y definen a ciertos profesores como buenos. A continuación, se agrupan, según su contenido, en torno a las cuatro dimensiones: conceptuales, procedimentales, actitudinales y educativas.

Los datos se sometieron a diversos tratamientos estadísticos que nos permitieron reducir el número de ítems. El resultado son los dos modelos de la **herramienta Enseñar Pensando:**

- Modelo 1 de la herramienta Enseñar y Educar Pensando: está dirigido al profesorado no universitario.
- Modelo 2 de la herramienta Enseñar Pensando: para el profesorado universitario.

La herramienta, en ambos modelos, es un instrumento de autoevaluación que invita al profesorado a reflexionar sobre su propia acción revisando las estrategias generales de enseñanza que utilizan en su tarea docente. Es en esa tarea docente donde se desarrolla el entrenamiento en la planificación de sucesivas acciones intencionales capaces de promover, a la vez, la autorregulación de lo QUE enseña con la autorregulación en QUIEN aprende.

Todo ello repercutirá, en buena medida, en muchas cosas y, entre ellas, en el grado de ilusión con el que se enfrenta el profesorado cada día a la apasionante tarea de Enseñar y Educar Pensando. El profesorado, en la medida que «enseña pensando», orienta y guía al alumnado en su aprendizaje implicándolo, paso a paso, en la apasionante tarea de Aprender Pensando.

No tengo constancia de la existencia de ningún otro instrumento o herramienta que promueva el entrenamiento y la adquisición tanto de las estrategias generales de enseñanza como de las de aprendizaje pensando.

# CAPÍTULO 1

# PROYECTO APRENDER PENSANDO: ENTRENAMIENTO EN LA ADQUISICIÓN DE ESTRATEGIAS GENERALES DE APRENDIZAJE

## 1.1. INTRODUCCIÓN

A lo largo del amplio espacio de tiempo comprendido entre 1988 y 2012 tuvimos la oportunidad de impartir el «proyecto Aprender Pensando: adquisición de estrategias generales de aprendizaje» en diferentes intervenciones con el alumnado, profesorado y familias de los niveles educativos de 5.º y 6.º de Primaria y Secundaria (Calleja, M.ª F., 1991, 1994 y 2006).

Las intervenciones con el alumnado universitario se desarrollaron dentro de nuestra actividad docente con los estudiantes matriculados en diferentes titulaciones en diplomaturas, licenciaturas y grados. Los objetivos, contenidos y actividades estaban integrados en el proyecto docente de la asignatura de Procesos Psicológicos Básicos y formaban parte de la programación de sus créditos prácticos (Calleja, M.ª F., 2005, 2008).

En todas las intervenciones desarrolladas con los estudiantes de los tres niveles educativos se siguió el mismo procedimiento didáctico: orientar al estudiante para que centrara su atención en los esquemas que tiene almacenados como parte de sus experiencias anteriores:

- Sobre su conducta: preguntándose ¿en qué puedo mejorar mi forma de aprender?
- Sobre sí mismo: cuestionándose ¿cómo debo planificar la tarea diaria en el tiempo para ser más eficaz?
- Sobre el contexto: preguntándose ¿qué actitudes de mis padres, profesores y compañeros me ayudan y animan a superarme cada día?

Se comenzaba justificando a los estudiantes la necesidad de actuar diariamente siguiendo un plan, a la vez que evaluaban anotando en autorregistros los logros conseguidos en tres momentos concretos:

1. Antes de estudiar: preparación mental frente a la tarea planificando la actividad en el tiempo y programando metas concretas, pequeñas y posibles.
2. Durante el estudio: practicando los procesos atencionales controlados a través de la repetición del acto de atender para ir adquiriendo el hábito de controlar distracciones. Este entrenamiento en autocontrol requiere al sujeto mantener un esfuerzo mental hasta conseguir las metas propuestas a la vez

que le supone un entrenamiento diario en autorregular intencionalmente la propia actividad.

3. Al terminar de estudiar: autoevaluación de las metas conseguidas y su estado emocional con el fin de comprobar tanto el grado de autoeficacia como el motivo de logro.

De esta forma se iba proporcionando al alumnado la oportunidad de analizar las sucesivas experiencias en las que se sentía capaz y motivado. Todo ello lo iban anotando diariamente en autorregistros y, a partir de ellos, redactaban sucesivos autoinformes.

A partir del análisis del contenido de los autoinformes del alumnado de 5.º y 6.º de Primaria, Secundaria-Bachillerato y Universidad, se elaboraron los tres modelos de la herramienta Aprender Pensando, adaptada a cada uno de los niveles referidos.

Este instrumento de autoevaluación sirve de guía a los estudiantes de Primaria, Secundaria-Bachillerato y Universidad en la tarea de organizar su aprendizaje siguiendo un plan, marcándose sucesivas metas, autoevaluando el proceso y autorregulando la conducta.

## 1.2. OBJETIVOS

En las distintas intervenciones llevadas a cabo con los estudiantes de Primaria, Secundaria-Bachillerato y Universidad, nos propusimos los siguientes objetivos:

**Entrenar al estudiante en:**
- Activar su pensamiento y así reflexionar sobre cómo puede mejorar en competencia detectando los recursos que cada uno necesita para obtener los resultados deseados.
- Planificar diariamente la programación de metas asequibles, concretas, pequeñas, posibles, realistas y fáciles de conseguir.
- Practicar diariamente la autoevaluación de los planes y metas programados.
- Esforzarse a diario y de forma mantenida para controlar las distracciones por medio de la autorregulación de su conducta de estudio-aprendizaje.
- Motivar para lograr la acción deseada por medio del entrenamiento en autorregulación.
- Describir en autorregistros diarios el proceso contestando a dos preguntas: «De lo propuesto, ¿qué he conseguido? y ¿cómo me encuentro tras la consecución o no de las metas propuestas?».

**Informar al profesorado y las familias del alumnado de Primaria y Secundaria sobre la necesidad de:**

- Actuar como mediadores en el aprendizaje próximo de sus estudiantes e hijos.
- Suministrar ayuda en la medida de lo posible para organizar el trabajo diario, planificar la tarea y programar metas asequibles. Y, además, animarlos a anotar en los autorregistros los resultados de la autoevaluación.
- Justificar la necesidad de cambio en algunas de sus actitudes y en la adquisición de otras nuevas.
- Evitar atribuciones, comparaciones negativas y amenazas no cumplidas.
- Recordar la importancia de aprender a tolerar los primeros fracasos y apoyar los sucesivos logros, por pequeños que sean, procurando reforzar verbalmente el esfuerzo de los hijos o estudiantes. Conviene recordar que estos refuerzos deben suministrarse próximos a la conducta.
- Procurar ambiente de trabajo en casa cuando los hijos están estudiando.

## 1.3. CONTENIDOS

El «proyecto Aprender Pensando: adquisición de estrategias generales de aprendizaje, impartido al alumnado de 5.º y 6.º de Primaria y Secundaria-Bachillerato» se articula en torno a una serie de contenidos adaptados a su nivel de comprensión y entresacados de los distintos procesos cognitivos y afectivo-motivacionales.

Respecto a los estudiantes universitarios, aunque todo estaba detallado en el desarrollo de los créditos prácticos del proyecto docente de la asignatura, a la hora de explicar en clase el contenido teórico de los distintos procesos cognitivos, afectivos y motivacionales, se iba haciendo referencia a los aspectos conductuales. Se les justificaba la necesidad de pasar de la teoría de los distintos procesos a la aplicación práctica y concreta de una conducta estratégica. En la programación de los créditos prácticos se detallaba cómo ir aplicando las distintas teorías a la práctica de Aprender Pensando.

Cada estudiante, al terminar el curso, entregaba un informe final de la práctica Aprender Pensando. De cada proceso psicológico estudiado destacaban aquellos conceptos y características que, para cada uno, habían tenido mayor repercusión en la práctica, especificando su particular aplicación. De esta forma, detallaban pormenorizadamente el traslado personal de los contenidos teóricos a la práctica diaria de Aprender Pensando, trasladando, en definitiva, la teoría a la vida.

Para el alumnado no universitario, con un lenguaje asequible a su nivel, explicábamos los siguientes conceptos, seleccionados y entresacados de algunos procesos cognitivos y afectivo-motivacionales por estar directamente relacionados con las estrategias generales de aprendizaje.

## 1.3.1. PENSAMIENTO

El pensamiento como proceso reflexivo implica una actividad mental de búsqueda activa de una meta:
- Razonamiento
    - Deductivo: va de lo general a lo particular.
    - Inductivo: va de lo particular a lo general.
- Categorización
    - Representaciones mentales de los conceptos donde el conocimiento agrupa a los elementos según sus características.
- Resolución de problemas
    - Modelo conductista: la respuesta correcta acorta la distancia que hay entre el punto de partida y la meta.
    - Modelo Gestalt: la persona percibe la relación entre los elementos que lo integran. El todo es más que la suma de las partes.
    - Modelo cognitivo: se centra en el papel activo de la persona en el procesamiento de la información.

El pensamiento se interpreta como la actividad de un sistema que opera sobre sus representaciones internas del mundo interior y exterior como fruto de su interacción con el entorno que contribuye a determinarla (Fernández-Abascal, E. G.; Martín Díaz, M. D. y Domínguez Sánchez, J., 2001).

Pero también el pensamiento es entendido como proceso cognitivo capaz de generar predicciones de la conducta y, por tanto, comprobables.

Al delimitar el pensamiento a lo que desencadena y a las consecuencias que produce, se destacan tres elementos:
1. La actividad
2. Las representaciones mentales
3. La situación

Nos propusimos trasladar esto al entrenamiento del estudiante en autorregulación de la conducta. Cada estudiante, PENSANDO planifica y diseña las mejoras que quiere lograr en su personal proceso de APRENDIZAJE.

El estudiante, al contestar a la pregunta ¿en qué debe mejorar mi forma de aprender?, conoce su problema y, a partir de ahí, va pensando cómo puede ir aplicando los siete pasos que implica toda solución de problemas:

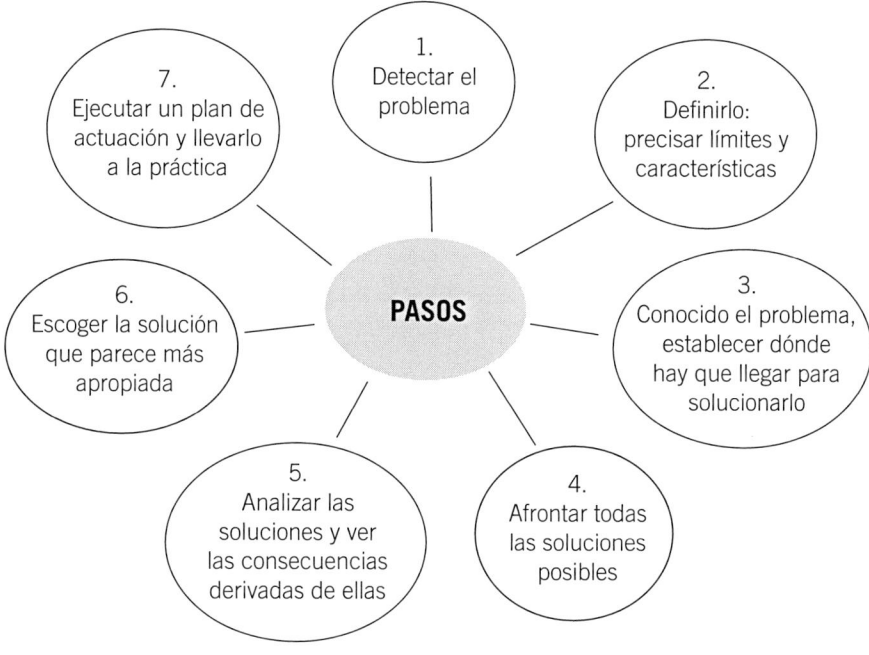

## 1.3.2. APRENDIZAJE

El concepto de aprendizaje, como tantos otros a lo largo de la corta historia de la psicología, ha ido variando dependiendo del paradigma específico desde el cual se define. Se pueden diferenciar dos grandes movimientos: conductista frente a cognitivo.

El **conductismo** define el aprendizaje como 'el cambio relativamente permanente en la conducta como resultado de la experiencia' (Skinner, 1964).

Sin embargo, la **psicología cognitiva** define el aprendizaje como 'el cambio relativamente permanente en las representaciones mentales como resultado de la experiencia' (Pozo, 1997).

La interpretación que ambas escuelas hacen del aprendizaje se diferencia en aquello en lo que cambia. Mientras que el cambio para el conductismo es algo externo, medible, observable y cuantificable, como son las conductas llamadas *respuestas*, para la psicología cognitiva el cambio y la causa son algo interno, por tanto, se centra en los procesos de pensamiento. Los cambios por los que se interesa la psicología cognitiva son cualitativos, frente a los cuantitativos propios del conductismo.

Hoy día se insiste en la necesidad de reconciliar los cambios cuantitativos, defendidos por el conductismo, con los cualitativos, defendidos por la psicología cognitiva. Ambos enfoques se ven complementarios en vez de excluyentes. El aprendizaje se interpreta como el cambio inferido en el estado mental de un sujeto a consecuencia de la experiencia, lo que influye de forma relativamente permanente en el potencial del organismo para una conducta adaptativa posterior.

Vygotski (1990), dentro del **modelo contextual-dialéctico**, considera que el aprendizaje se inicia en el exterior con el uso del lenguaje a través de la mediación interpersonal y solo más adelante es cuando se transforma en desarrollo interior o intrapersonal, dando lugar al lenguaje interno o pensamiento. De esta forma, en el aprendizaje, la asociación externa precede a la reestructuración interna.

Dentro del **aprendizaje observacional**, Bandura (1977) habla en su teoría de dos sujetos: el modelo, que pone en práctica una conducta, y el observador, que copia esa conducta por el proceso de imitación del modelo. El sujeto aprende observando la conducta de otra persona y no requiere repetir dicha conducta para que esta sea aprendida, basta con observarla. Se trata de un aprendizaje indirecto. Las consecuencias de la conducta del modelo las aprende el observador de forma vicaria (en cabeza ajena). Y es así como el observador toma conciencia de la asociación entre la conducta del modelo y las consecuencias sociales de esta.

Actualmente este tipo de aprendizaje se le conoce con el nombre de **aprendizaje social cognitivo** (Bandura, 1987), basado en la interacción triádica entre la persona, la conducta y la situación en continua interacción. Los tres tipos de variables, personales, conductuales y situacionales, se influyen entre sí de forma recíproca y bidireccionalmente.

## FACTORES INTERACTIVOS

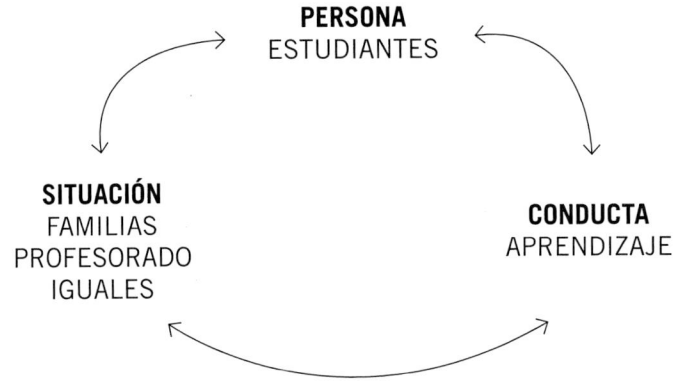

Dentro de la **teoría del aprendizaje social cognitivo**, el funcionamiento humano se explica como un modelo de reciprocidad triádica donde la persona (en nuestro caso el estudiante), su conducta (en nuestro caso el aprendizaje) y los acontecimientos ambientales (en nuestro caso los ambientes familiar y escolar) actúan entre sí como determinantes interactivos que se influyen mutua y recíprocamente.

En este modelo teórico hay otro concepto que no queremos dejar de resaltar por su importancia: el concepto de autoeficacia, que se define como 'la convicción del sujeto de que puede realizar una determinada conducta requerida en una situación determinada o, dicho de otra forma, la tendencia del sujeto a realizar una conducta porque se considera capaz de realizarla con éxito' (Bandura, 1978, 1993 y 1997).

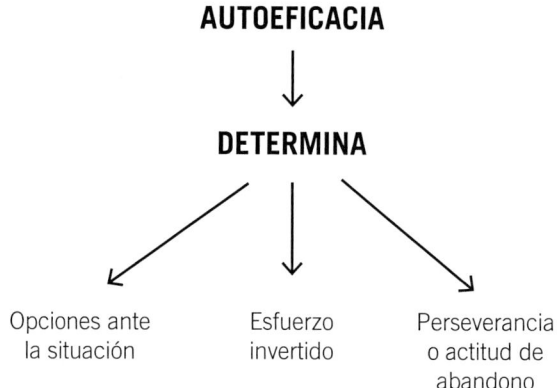

**AUTOEFICACIA**

↓

**DETERMINA**

| Opciones ante la situación | Esfuerzo invertido | Perseverancia o actitud de abandono |

Dentro del paradigma del **aprendizaje social perceptivo**, Mischel (1976, 1981 y 1996) desarrolla su **teoría de la variables personales.** La conducta de aprendizaje no se interpreta como una lista de metas, planes, recursos y creencias, sino como un proceso que relaciona entre sí todos los componentes de una organización psicológicamente significativa de relaciones tanto cognitivas como afectivas.

Dentro del **modelo del aprendizaje significativo**, Ausubel (1983), en su teoría, considera que para que se dé el aprendizaje es necesario que tanto el contenido que se aprende como el sujeto que lo aprende cumplan unas determinadas condiciones.

El material, además de estar organizado y poseer un significado en sí mismo, debe incluir los organizadores previos, que son ese conjunto de procedimientos didácticos que hacen posible relacionar la nueva información con los conocimientos que el estudiante ya tenía adquiridos.

El profesorado, al utilizar este recurso didáctico, está construyendo el andamiaje encargado de facilitar al estudiante la tarea de integrar la nueva información con los conocimientos que ya tenía organizados en esquemas previos. Es decir, el profesorado actúa de mediador que hace fácil al estudiante la comprensión de los nuevos conceptos que tiene que aprender en esa tarea de construir nuevos conocimientos.

En el **constructivismo** los organizadores previos sirven de puente que permite la conexión entre lo que el sujeto sabe y lo que necesita aprender en ese determinado momento. Así mismo, el sujeto debe tener una predisposición para aprender. Para que el estudiante llegue a comprender necesita que su estado atencional sea de alerta y poner en práctica, de forma voluntaria, los procesos controlados. Todo esto requiere invertir un esfuerzo y para ello la persona necesita tener un motivo previo que lo justifique y mantenga.

Con respecto al constructivismo, hay que decir que no es una teoría concreta, sino un movimiento que surge desde diferentes aportaciones teóricas desarrolladas en el estudio del aprendizaje humano.

En el **aprendizaje por descubrimiento**, Bruner G. (1984 y 1986) resalta en su teoría que lo importante es percibir las ideas esenciales de la materia como un todo organizado. El estudiante, de esta forma, utiliza el método inductivo para ir pasando de lo particular a lo general.

La **psicología experimental moderna** actualmente estudia el concepto de aprendizaje desde una síntesis sincrónica en la que intervienen las diferentes aportaciones teórico-metodológicas que a lo largo de la corta historia de la psicología se han ido sucediendo. Se sitúa formando parte de la nueva ciencia cognitiva junto a las otras cinco ciencias que la conforman, donde las aportaciones tanto de la neurociencia como de la inteligencia artificial son de suma importancia (Zaccagnini y Adarraga, 1994). El estudio de la mente en general se aborda como función de ese órgano formado por tejido vivo, llamado cerebro (F. Mora 1995).

Bajo este nuevo paradigma se desarrolla el **conexionismo**, donde el concepto de aprendizaje se interpreta como un procesamiento distribuido y paralelo (Rumelhart y Norman, 1986). El aprendizaje se produce de un modo simultáneo en un gran número de elementos simples que se envían entre sí señales de excitación e inhibición. El aprendizaje se debe entonces a las asociaciones o pesos de las fuerzas de conexión entre multitud de conexiones neuronales. Estas redes neuronales artificiales emulan el funcionamiento de las redes neuronales naturales. Las neuronas, como unidades de acción del cerebro, son la base del aprendizaje. El cerebro está continuamente cambiando al responder a las demandas ambientales. Las neuronas, al recibir las entradas de información, se activan y como consecuencia:

- Se fortalecen las neuronas más usadas.
- Se debilitan las neuronas menos activas.
- Se eliminan las neuronas inactivas.
- Se crean nuevas sinapsis donde la actividad es intensiva.

Por eso continuamente estamos aprendiendo. Los aprendizajes proporcionan rutas eficientes de comunicación interneuronal facilitando la producción de determinados patrones de activación cerebral.

Cada neurona puede formar parte de más de una red, al igual que la activación de un aprendizaje puede activar a otros muchos por propagación de esa actividad a través de unidades o conexiones compartidas.

Todos los aprendizajes están interconectados formando un sistema integrado, único, global y dinámico en continuo cambio como resultado de su interacción con el medio.

De esta forma, el aprendizaje promueve el desarrollo, interpretado como el cambio multidimensional en los ámbitos biológico, psicológico, sociológico, histórico y cultural. Es la evolución del sujeto como resultado de la historia personal de aprendizajes privativos a lo largo de todo el ciclo vital.

### 1.3.3. ATENCIÓN

Es un proceso básico que nos permite controlar y dirigir nuestra actividad mental y conductual (Treisman y Gelade, 1980). Gracias a ella, podemos repartir nuestros recursos mentales entre diversas actividades. Este hecho hace que el proceso atencional no sea algo aislado, sino que actúe formando parte de un sistema común con el resto de los procesos cognitivos (Pozo, 1997).

Luego se estudia:

- Con relación a su influencia e interrelación con otros procesos a los que activa y engloba, como son la percepción, la memoria, el pensamiento y el aprendizaje.
- O con relación a los procesos de control (Sifrin y Schneider, 1984). Este planteamiento implica a la memoria a corto plazo como memoria operativa o memoria de trabajo (Baddeley, 1986 y 1997).

La atención es un mecanismo central de capacidad limitada encargado de controlar y orientar la actividad consciente de acuerdo con un objetivo determinado, a una meta.

Sus funciones principales son:

- Analizar y seleccionar la información.
- Mantener el estado de alerta (esfuerzo).
- Controlar y orientar la actividad mental consciente del sujeto, lo cual supone el control voluntario del individuo sobre su actividad cognitiva y conductual permitiéndole organizar, activar o inhibir las diferentes operaciones mentales.

Este proceso de focalización perceptiva incrementa la conciencia clara de un núcleo central de estímulos en cuyo entorno quedan otros difusamente percibidos.

Entre sus características destacamos:

- Seleccionar la información.
- Organizar el contenido que se aprende.
- Dirigir y orientar la actividad mental.

- Mantener el estado de alerta en la realización de la tarea con control mental que reduce el tiempo en la realización de tal actividad.

El estado de alerta puede ser:

- Rápido, cuando el estímulo es muy atrayente.
- Lento, cuando el estímulo no atrae y es el sujeto quien tiene que esforzarse para mantener su atención de forma guiada hasta conseguir las metas y planes que anteriormente se marcó.

# ATENCIÓN

| Clases | Voluntaria | • Acción deliberada y consciente.<br>• Se apoya en la motivación.<br>• Supone esfuerzo. |
| | Involuntaria | • No requiere control consciente. |
| | Selectiva | • Controla los estímulos que más interesan. |
| | Dividida | • Atiende a varios estímulos a la vez.<br>• Propia de los procesos automáticos: comer y oír música. |
| | Sostenida | • Se mantiene la atención mientras se realiza una tarea.<br>• Le influyen las características físicas del estímulo, así como el interés y la motivación.<br>• En la concentración influyen el estado de ánimo y el nivel de excitación.<br>• A mayor nerviosismo menor concentración. |

# ATENCIÓN

| Niveles | Internos | Control consciente<br>Esfuerzo mental<br>Disciplina<br>Voluntad | Interés<br>Motivación<br>Autorrefuerzo |
| | Externos | Silencio | Control de distracciones externas |
| Propiedades | Adaptación | Pasar de una actividad a otra requiere un tiempo | |
| | Concentración | Ocuparse de una sola idea | |
| | Constancia | Hábito | |
| | Extensión | Con fatiga, la atención decae | |

Las diferencias entre los procesos automáticos y los controlados representan la forma en que se distribuyen los recursos atencionales. Para ello se diferencian dos niveles de procesamiento: el controlado y el automático. La distinción entre ambos es gradual, de forma que hay procesos totalmente automatizados y otros que se producen exclusivamente bajo el control atencional. Un tercer grupo serían los procesos parcialmente automáticos o controlados en los que intervienen conjuntamente ambos niveles.

| Procesos automáticos | Procesos controlados |
|---|---|
| Gasto atencional escaso | Alto gasto atencional |
| No requiere esfuerzo consciente | Son conscientes |
| Rápidos | Lentos |
| Difíciles de adaptar a situaciones novedosas | Flexibles y abiertos al cambio |
| Suponen economía cognitiva en tareas rutinarias | Pierden eficacia si la activación es elevada |

La investigación actual se aborda dentro del paradigma de la **nueva ciencia cognitiva** de la que la psicología forma parte unida a otras cinco ciencias entre las que se sitúan la neurociencia, la inteligencia artificial y el enfoque conexionista. Una de las líneas actuales de investigación está interesada en conocer dónde se enfoca la atención y si es un proceso de selección para la percepción o para la acción (Fernández-Abascal, E. G.; Martín Díaz, M. D. y Domínguez Sánchez, J., 2001).

### 1.3.4. MEMORIA

La memoria es la persistencia del pasado en la mente del sujeto. Este proceso cognitivo se encarga de percibir, codificar, almacenar y posteriormente recordar o reconocer una determinada información.

Los modelos estructurales describen tres almacenes o estructuras diferentes pero interconectadas: memoria sensorial, memoria a corto plazo y memoria a largo plazo.

El sujeto en interacción con el medio ambiente recibe de este una serie de estímulos que afectan a sus receptores y entran en el sistema nervioso a través del registro sensorial. Esta estructura es la responsable de la percepción inicial de la estimulación que la persona observa, escucha o percibe. La estimulación en el registro sensorial es cifrada y adquiere forma de representación.

La información así codificada permanece en el registro sensorial durante una mínima fracción de segundo, pasa a la memoria a corto plazo, donde se codifica de forma conceptual y, por medio de la repetición y otras estrategias de recuerdo, pasa a la memoria a largo plazo.

La información, cuando pasa a un generador de respuestas, se transforma en acción o conducta externa del sujeto en interacción con el medio ambiente. La manifestación de esta conducta demuestra que la información fue procesada y, por tanto, aprendida.

Nosotros aquí únicamente nos vamos a detener en la **memoria a corto plazo** dentro del enfoque funcional en el que Baddeley (1986 y 1997) describe un modelo con tres subsistemas: agenda visoespacial, ejecutivo central y bucle fonológico, organizados de forma jerárquica y que funcionan en estrecha colaboración. A esto lo llama memoria de trabajo.

Únicamente nos vamos a centrar en el subsistema ejecutivo central por sus características, sus funciones y su relación con las estrategias generales de aprendizaje.

El ejecutivo central se define como 'el conjunto de símbolos que se manipulan bajo control voluntario' (autocontrol). Sus decisiones afectan a los cursos de acción que seguimos tanto en la dimensión mental como conductual y realiza las funciones de:

- Planificación
- Abstracción
- Toma de decisiones
- Solución de problemas
- Y organización secuencial de las conductas necesarias para mantener la atención bajo control voluntario

Su función principal es la de tomar decisiones, ya que coteja y valora alternativas y opta por la más adecuada, pero siempre bajo control voluntario.

El control ejecutivo impulsa y planifica la activación del sujeto, lo cual le permite acortar la distancia existente entre el aprendizaje real y el potencial.

# MEMORIA

↓

| SELECCIONAR | CODIFICAR | GRABAR | ALMACENAR | RECUPERAR |
|---|---|---|---|---|
| Las informaciones nuevas transforman las existentes, dando lugar a una nueva representación mental | | | | |

↓

**ENFOQUE FUNCIONAL**
Baddeley 1986

↓

**SISTEMA EJECUTIVO CENTRAL**

↓

| Conjunto de símbolos que están siendo manipulados bajo **control voluntario (autocontrol)** | | |
|---|---|---|
| **Agenda visoespacial** | **Depósito fonológico** | **Circuito articulador** |
| Imágenes que se están utilizando bajo control voluntario en un momento determinado | <u>Bucle fonológico</u> Símbolos de naturaleza verbal transformados en código verbal | |

↓

| CARACTERÍSTICAS | FUNCIONES |
|---|---|
| • Valorar alternativas<br>• Dimensión mental y conducta<br>• Control de distracciones<br>• Experiencia consciente | • Planificación<br>• Organización secuencial de conductas<br>• Solución de problemas<br>• Abstracción<br>• Adopción de decisiones |

## 1.3.5. LA MOTIVACIÓN

El proceso motivacional para Weiner (1986) y Mischel (1995 y 1996) se interpreta como un proceso dinámico, interesado en conocer las causas del comportamiento y que establece relaciones con las necesidades, metas o deseos que activan las sucesivas acciones del sujeto.

La motivación se entiende como la activación del organismo, es decir, como un todo por el que se pone en práctica una conducta anteriormente programada. Por tanto, es un proceso dinámico y energizante encargado de dirigir la conducta hacia la consecución de metas que puede interpretarse con referencia a la estimulación ambiental (propulsión) o con referencia a las necesidades del individuo (tracción).

Entre los principios que la organización motivacional necesita, resaltamos:
1. Estructuración de la tarea
2. Organización de la actividad
3. Mensaje
4. Modelado
5. Evaluación

La activación motivacional es una de las variables responsables del inicio, el mantenimiento, la intensidad y la finalización de la conducta motivada.

La dirección y la intensidad de la conducta son las tendencias del sujeto para acercarse o distanciarse del objetivo. Unos están genéticamente determinados y, por tanto, relacionados con las necesidades biológicas, mientras que otros están relacionados tanto con la situación como con la historia previa del aprendizaje de la persona, estimulación, metas autoimpuestas (Fernández-Abascal, E. G.; Martín Díaz, M. D y Domínguez Sánchez J., 2001).

## MOTIVACIÓN

Activación del organismo como un todo, por lo que este pone en ejecución una conducta anterior programada o determina nuevas programaciones de ella.

| Formas de entender la motivación | Como propulsión | • Hace referencia a los estímulos del ambiente | |
|---|---|---|---|
| | Como tracción | • Hace referencia a las necesidades del individuo | |
| Tipos | Extrínseca | | |
| | Intrínseca | | |
| | Orgánica | | |
| | De adaptación ambiental | | |
| | Social | | |
| | Por derivación Por crecimiento | • Satisfacción de necesidades<br>• Actualización | Maslow |

# PROCESO MOTIVACIONAL

» Se inicia cuando algún determinante motivacional crea las condiciones que hacen que una persona tenga la intención de realizar una conducta.

» Se autorregula mediante un sistema de retroalimentación.

» El desarrollo de las capacidades psíquicas y la interacción con el aprendizaje van produciendo una reducción de la motivación genética y un incremento del comportamiento.

| ACTIVACIÓN MOTIVACIONAL | Es una de las variables responsables del inicio, el mantenimiento, la intensidad y la finalización de la conducta motivada | |
|---|---|---|
| **Producción** | **Mantenimiento** | **Intensidad** |
| • Incrementos en la activación<br>• Inicia comportamientos | • A mayor activación, mayor persistencia | • A mayor activación, mayor intensidad |
| **DIRECCIÓN DEL COMPORTAMIENTO** | Es la tendencia a acercarse o evitar un determinado objetivo o meta | |
| **Objetivos del comportamiento determinados genéticamente** | | **Metas autopropuestas** |
| • Comportamiento mecánico de los organismos<br>• Dirección e intensidad de la conducta directamente relacionadas con el estado de necesidad biológica generada en el organismo | | • Dirección de la conducta influida directamente por las situaciones y la historia del aprendizaje previo a la persona |

El desarrollo de las capacidades psíquicas, en interacción con los sucesivos aprendizajes, va reduciendo la motivación genética a la vez que aumenta las conductas autorreguladas.

La intención es un antecedente de la conducta real e influye directa e inmediatamente en ella. Se encarga de estructurar la tarea, de organizar la actividad, de definir los objetivos y de seleccionar las actividades. Para todo ello recurre a los siguientes procesos:

1. Planes: acciones encaminadas a dirigir los hechos hacia la situación ideal.
2. Metas: acciones encaminadas a focalizar la atención hacia la consecución de los objetivos concretos y desafiantes. Cuanto más difíciles, mayor esfuerzo.
3. Atribuciones: explicaciones que el sujeto utiliza para justificar sus actos. Acciones encaminadas a encontrar las causas tanto del éxito como del fracaso que se manifiestan en tres dimensiones:
   • Interna/externa: la causa se sitúa dentro o fuera del mismo individuo.
   • Controlable/incontrolable: la causa puede controlarse o está fuera de su propio control.
   • Estable/inestable: la causa es permanente o pasajera.

Las atribuciones son la base de los sentimientos positivos o negativos sobre sí mismo que el sujeto va construyendo a partir de su actividad. Su influencia afecta tanto al rendimiento como al AUTOCONCEPTO-AUTOESTIMA.

Los procesos de autocontrol de la propia conducta son los mecanismos que el sujeto debe practicar para que las atribuciones sean internas, estables y controlables. Estos son los cimientos tanto de la COMPETENCIA como de la seguridad en sí mismo.

4. Expectativas: acciones encaminadas a evaluar la posibilidad de alcanzar una meta y evaluar si las posibles consecuencias, en caso de lograrlo, generan estados emocionales positivos o negativos.

5. Disonancia cognitiva: acciones encaminadas a integrar pensamientos, creencias y valores con acciones con el fin de que las conductas manifiesten consistencia, ya que en caso contrario habría desequilibrio. La intención, por tanto, está determinada por la actitud del sujeto hacia una determinada conducta unida a las normas subjetivas y el control percibido. El sujeto evalúa la situación según su significado y el nivel de agrado o desagrado intrínseco (emoción). El estudiante (en nuestro caso), con el fin de mejorar la situación definida en la evaluación inicial, focaliza tanto su pensamiento como su conducta y, para ello, puede elegir entre diversos estilos de afrontamiento.

6. Motivos: disposiciones relativamente estables del individuo. Se distinguen dos tipos:
   - Primarios: innatos (hambre, sed, sueño…).
   - Secundarios: adquiridos, aprendidos en interacción con el medio ambiente (motivo de logro, de poder y de filiación).

# TIPOS DE MOTIVOS

| Primarios |
| :---: |
| **(innatos o biogenéticos)** |

| Motivaciones que desde el nacimiento están relacionadas con la subsistencia del individuo y de la especie |
| :---: |

| Sed | Sueño | Hambre | Sexo | Curiosidad |
| --- | --- | --- | --- | --- |

| Secundarios |
| :---: |

| Necesidades adquiridas, determinadas por el medio ambiente y por la cultura |
| :---: |

| De afiliación | De poder | De logro |
| :---: | :---: | :---: |
| Necesidad de ser aceptado socialmente y de tener seguridad en las relaciones interpersonales | Tendencia de influir, persuadir o controlar a otras personas con el fin de conseguir su reconocimiento y adaptación sobre nuestros propios comportamientos | Deseo o necesidad de hacer las tareas lo mejor posible por la propia satisfacción de hacerlo |

| Características | Estilos |
| :---: | :---: |
| • Búsqueda activa del éxito en el rendimiento profesional<br>• Asunción de responsabilidades de su comportamiento<br>• Mejor rendimiento ante tareas que suponen una motivación intrínseca<br>• Preferencia por las tareas de intensidad moderada<br>• Interés por el rendimiento de su comportamiento<br>• Evitación de riesgos extremos, aunque asume riesgos calculados<br>• Ejecución más eficaz de las tareas desafiantes | Relacional de logro<br>Obtención del éxito a partir de su relación con otro sujeto que ya lo ha conseguido.<br>Instrumental de logro |
| | Consecución del éxito mediante manipulación sobre otras personas aprovechándose de sus refuerzos para recoger los resultados |
| | Directo de logro<br>Obtención del éxito mediante sus propios logros |
| | Los estilos educativos que favorecen el desarrollo del motivo de logro son el estricto simultaneado con el permisivo.<br>Su desarrollo se inicia a los 3-4 años y tiene su origen en el entorno familiar |

**El motivo de logro** es la tendencia a buscar el éxito y evitar el fracaso. Es el deseo de hacer las cosas bien, es decir, de hacerlas lo mejor posible por la propia satisfacción personal de hacerlas, no por la aprobación de otras personas (afiliación).

El motivo de logro tiene las siguientes características:

1. Buscar activamente el éxito por los propios medios.
2. Asumir la responsabilidad de la propia conducta.
3. Producir el mayor rendimiento en tareas que exigen motivación intrínseca.
4. Preferir tareas de dificultad moderada.
5. Buscar activamente nuevas formas hasta conseguir los objetivos deseados.

| TEORÍAS COGNITIVAS DE LA MOTIVACIÓN | | |
|---|---|---|
| **Nivel de aspiración** | LEWIN | Toda ejecución por debajo de este nivel será percibida por el sujeto como un fracaso |
| **Jerarquía de motivos** | MASLOW | Los objetivos están ordenados y los sujetos nacen con cinco sistemas de necesidades ordenadas jerárquicamente:<br>1. Fisiológicas<br>2. Seguridad<br>3. Amor<br>4. Estima. Autoconcepto<br>5. Autorrealización |
| **Expectativa de cambio afectivo** | LOWEL | La motivación es una tensión que resulta de los cambios en los estados emocionales, es decir, es una expectativa de cambio relacionada con la situación afectiva. |
| **T.ª de la atribución** | WEINER | Las personas actúan conscientes de su fin, así son responsables de los acontecimientos<br>Las características anteriores a una conducta son importantes a la hora de atribuir un éxito o un fracaso a dicha conducta |
| **Motivación de logro** | ATKINSON | Contempla estar implicado el sujeto, el querer actuar bien por sí mismo. Con tres elementos claves:<br>1. Motivo: disposición que empuja a conseguir una satisfacción<br>2. Expectativa: anticipación del resultado ligado a una conducta<br>3. Incentivo: atracción o repulsión que ejerce una meta |

| TEORÍAS COGNITIVAS DE LA MOTIVACIÓN | | |
|---|---|---|
| **T.ª de la autonomía funcional** | ALLPORT | Las motivaciones adultas se desarrollan a partir de sistemas de motivaciones antecedentes |
| **T.ª de la pulsión cognitiva, seguridad y conducta exploratoria** | AUSUBEL | De la curiosidad y exploración se deriva el deseo de saber, entender y dominar el conocimiento. Además, hay que interpretar las ideas transmitidas con las ya aprendidas |
| **Motivación intrínseca** | BRUNER | • Curiosidad<br>• Competencia<br>• Formas de conducta<br>• Estándar con las exigencias de la situación |
| **T.ª de la disonancia cognitiva** | FESTINGER | Carácter motivacional, aprendizaje social, paradigma contextualista. En función de la capacidad del sujeto para predecir su propia conducta, podrá regularla con el fin de confirmar su autopredicción |

## 1.3.6. LA EMOCIÓN

La emoción se define como un proceso desencadenado por la valoración cognitiva de una situación que produce una alteración de la activación del organismo.

Las emociones tienen tres funciones:

- Adaptativa
- Social
- Motivacional

El proceso emocional implica:

1. Una situación desencadenante
2. Un proceso cognitivo
3. Una activación de la respuesta emocional

El proceso cognitivo de las emociones implica:

a. Una primera evaluación afectiva y valoración del significado de la situación
b. Y un posterior filtro de la manifestación emocional dependiente del aprendizaje y la cultura

**La evaluación afectiva** se realiza en función de las características de novedad y agrado intrínseco de la configuración estimular, mientras que la **evaluación del significado de la situación** se realiza en función de la propia significación, la capacidad de afrontamiento y el ajuste a las normas de comportamiento sociales y personales.

**La activación de la respuesta emocional** implica una experiencia subjetiva, una expresión corporal, un afrontamiento y un soporte fisiológico.

Se diferencian dos tipos de emociones:

- Emociones primarias
- Emociones secundarias

Las **emociones primarias** poseen unos desencadenantes y un procesamiento cognitivo propio y característico de cada emoción, que diferencia a cada uno del resto de las emociones, mientras que las **emociones secundarias** tienen unos desencadenantes y un procesamiento cognitivo propios de cada persona.

A su vez, las emociones se clasifican en:

1. Negativas: si implican sentimientos desagradables y valoración de la situación como dañina.
2. Positivas: si implican sentimientos agradables y valoración de la situación como beneficiosa.
3. Neutras: si no producen reacciones ni agradables ni desagradables:

Podríamos decir que hay:

- Emociones primarias
  - Positivas: felicidad
  - Negativas: miedo, ira, tristeza o asco
  - Neutras: sorpresa
- Emociones secundarias
  - Positivas: amor/cariño y humor
  - Negativas: ansiedad y hostilidad

Tanto el aprendizaje como la cultura actúan de control en forma de filtro de las distintas manifestaciones emocionales.

Las personas difieren en la forma de responder ante las emociones según el método que utilicen. De ese modo, se diferencian distintos estilos de afrontamiento:

- Activos: se encargan de movilizar el esfuerzo, la energía necesaria para la solución.
- Pasivos: tratan de inhibir toda activación.
- De evitación: se caracterizan por que huyen de la situación evitándola.

En función de la focalización del afrontamiento se diferencian entre:

- Los que van dirigidos al problema: tratan de controlar las condiciones responsables del problema.
- Los que se centran en la respuesta emocional: pretenden controlar la propia respuesta emocional.
- Los enfocados en modificar la evaluación inicial de la situación: focalizan el esfuerzo en obtener más información para analizar con más profundidad la situación.
- Lo que actúan según el tipo de actividad movilizada en el afrontamiento: actividad cognitiva o actividad conductual.

**La emoción es un proceso adaptativo que tiene por finalidad coordinar al resto de los procesos psicológicos cuando al sujeto se le exige una respuesta rápida y efectiva para tratar de ajustarse a los cambios producidos en la situación.**

Las emociones energizan la conducta y alteran a los otros procesos:

- Cargan de afecto a la percepción.
- Dirigen la atención.
- Activan la memoria.
- Motivan y planifican acciones.
- Movilizan cambios fisiológicos.
- Activan o inhiben la comunicación verbal y no verbal.

Además, la emoción se encarga de coordinar todos estos recursos psicológicos para que la persona pueda ir dando respuesta rápida a las diferentes demandas de la situación en un momento dado.

En la emoción se diferencian tres funciones:

- Adaptativa. Es la más importante porque prepara al organismo para responder eficazmente a las demandas ambientales emitiendo la energía necesaria y dirigiendo la conducta hacia el objetivo.
- Social. Tiene un enorme valor en las relaciones interpersonales, ya que la expresión de las distintas emociones viene a ser estímulos discriminativos que facilitan la realización de conductas sociales.
- Motivacional. No se refiere al hecho de que en toda conducta motivada se produzcan reacciones emocionales, sino al proceso inverso, donde una emoción puede ser la causa que dirija la conducta para que esta se realice con un cierto grado de intensidad. Por una parte, se puede afirmar que la conducta motivada produce una reacción emocional y, a su vez, la emoción facilita la aparición de unas conductas (Fernández-Abascal, E. G.; Martín Díaz, M. D. y Domínguez Sánchez J., 2001).

## TEORÍAS DE LA EMOCIÓN

| PRIMEROS ACERCAMIENTOS | | |
| --- | --- | --- |
| T.ª periférica de las emociones | JAMES-LANGE | La emoción es un proceso semejante a los procesos perceptivos |
| T.ª fisiológica | CANNON | Si se quitan las sensaciones orgánicas, aparece la emoción |
| T.ª conductista | WATSON | Las emociones pueden ser condicionadas y extinguidas |

# TEORÍAS DE LA EMOCIÓN

| TEORÍAS ACTUALES | | |
|---|---|---|
| **Estudio científico** | | |
| **Enfoque reduccionista** | DUFFI | La emoción no tiene características propias, se identifica con la motivación |
| **Enfoque conductual** | GREY | Distingue entre el componente innato y el adquirido |
| **Enfoque cognitivo**<br>Teoría de la Información | LAVENTHAL | Diferencia distintos componentes:<br>• Mecanismos de interpretación<br><br>• Sistema expresivo<br>• Acción instrumental<br>Reacción corporal |
| | SIMINOV | Diferencia entre emociones positivas y emociones negativas |
| Teoría de la personalidad | LAZARUS | Cognición, emoción y motivación de forma conjunta |
| | MISCHELL | Emoción como elemento componencial |
| **Teorías complejas** | | |
| Emoción-percepción | Determinantes innatos | Emoción:<br>*arousal* y cognición |
| Interacción individuo-ambiente | Multidimensional | Neurofisiología, cognitivo y fenomenología |

# EMOCIÓN

| Concepto | Proceso interno espontáneo e incontrolable, activador de los programas de conducta, que produce sentimientos subjetivos y una reacción fisiológica | |
|---|---|---|
| | Se desarrolla a través de influencias innatas y del aprendizaje | |
| **Componentes** | Aferenciales | Experiencias subjetivas de conciencia |
| | Fisiológicos | Por ejemplo, tasas cardíacas |
| | Estimulares | Estímulos causantes de la emoción |
| | Conductuales | Parámetros motores y expresivos |
| **Funciones** | Adaptativa (Darwin) | La emoción sirve para facilitar la conducta apropiada, confiriéndole un papel de extraordinaria relevancia en la adaptación |
| | Social | Expresión verbal o no verbal que permite predecir el comportamiento que vamos a desarrollar |
| | Motivacional | Determina la aparición de la propia conducta motivada, dirigida hacia un determinado objetivo y haciendo que se ejecute con un cierto grado de intensidad |

# TIPOS DE EMOCIONES

| Primarias | | |
|---|---|---|
| Alta carga genética | Constancia en el afrontamiento | Expresión facial específica con carácter universal |
| POSITIVAS | NEUTRAS | NEGATIVAS |
| Implican sentimientos agradables y valoración de la situación como beneficiosa | No producen reacciones, ni agradables ni desagradables | Implican sentimientos desagradables y valoración de la situación como dañina |
| FELICIDAD | SORPRESA | MIEDO-IRA TRISTEZA-ASCO |
| **Secundarias** | | |
| Desarrollo individual | No presentan una forma característica de afrontamiento | Carecen de expresión facial |
| POSITIVAS | | NEGATIVAS |
| AMOR/CARIÑO HUMOR | | ANSIEDAD HOSTILIDAD |

| EMOCIONES PRIMARIAS | EFECTOS | CARACTERÍSTICAS |
|---|---|---|
| **FELICIDAD**<br>(positiva) Forma en la que se evalúa la vida como un conjunto | • Subjetivos (S.): alegría y gozo.<br>• Expresión facial (E. F.): elevación mejillas.<br>• Fisiológicos (F.): sube la frecuencia cardíaca, aumenta la tensión muscular y disminuye el volumen sanguíneo.<br>• Afrontamiento (A.): capacidad de disfrute y altruismo. | • Desencadenantes: éxitos y logros.<br>• Procesos cognitivos:<br>- Novedad (N.): baja sorpresividad.<br>- Agrado Intrínseco: alto.<br>- Significado (S.): expectación consonante y urgencia muy baja.<br>- Afrontamiento (A.): causa intencionada y ajuste muy alto. |
| **SORPRESA**<br>(neutra) Reacción causada por algo imprevisto | • S.: «mente en blanco» e incertidumbre.<br>• E. F.: elevación cejas.<br>• F.: sube la frecuencia cardíaca, aumenta la tensión muscular y disminuye el volumen sanguíneo periférico.<br>• A.: exploración y curiosidad. | • Desencadenantes: estímulos novedosos inesperados.<br>• Procesos cognitivos:<br>- N.: muy alta sorpresividad y baja familiaridad.<br>- S.: muy baja probabilidad de resultados y urgencia muy baja.<br>- A.: agente otros o natural. |
| **MIEDO**<br>(negativa) Producida por un peligro presente inminente | • S.: tensión y malestar.<br>• E. F.: elevación y contracción de cejas.<br>• F.: sube la frecuencia cardíaca y la presión arterial y aumenta el volumen sanguíneo.<br>• A.: escape y evitación. | • Desencadenantes: peligro o daño.<br>• Procesos cognitivos:<br>- N.: alta sorpresividad y baja productividad.<br>- S.: relevante para el cuerpo y expectación disonante.<br>- A.: ajuste bajo y poder muy bajo. |
| **IRA**<br>(negativa) Caracterizada por la limitación | • S.: rabia y furia.<br>• E. F.: cejas bajas y contraídas.<br>• F.: sube la frecuencia cardíaca y la presión arterial y aumenta el volumen sanguíneo.<br>• A.: autodefensa y control de la ira. | • Desencadenantes: engaños y abusos.<br>• Procesos cognitivos:<br>- N.: baja predictibilidad y familiaridad.<br>- S.: relevante para el orden, expectación disonante y urgencia media.<br>- A.: control alto, agente otros y poder altos. |

| EMOCIONES PRIMARIAS | EFECTOS | CARACTERÍSTICAS |
|---|---|---|
| **TRISTEZA**<br>(negativa) Respuesta a sucesos no placenteros | • Desencadenantes: engaños y abusos.<br>• Procesos cognitivos:<br>  - N.: baja predictibilidad y familiaridad.<br>  - S.: relevante para el orden, expectación disonante y urgencia media.<br>  - A.: control alto, agente otros y poder altos. | • Desencadenantes: peligro o daño.<br>• Procesos cognitivos:<br>  - N.: baja sorpresividad y familiaridad.<br>  - S.: tendencia construyente y urgencia baja.<br>  - A.: control muy bajo y poder muy alto. |
| **ASCO**<br>(negativa) Causada por alguna repugnancia que se tiene a algo | • S.: náuseas y sensaciones gástricas.<br>• E. F.: elevación labio superior y arrugas nariz.<br>• F.: sube la frecuencia cardíaca y la presión arterial, y disminuye el volumen sanguíneo. | • Desencadenantes: estímulos desagradables y molestos.<br>• Procesos cognitivos:<br>  - N.: baja predictibilidad y familiaridad.<br>  - S.: relevante para el cuerpo y urgencia media para afrontar el proceso. |

| EMOCIONES SECUNDARIAS | EFECTOS | CARACTERÍSTICAS |
|---|---|---|
| **AMOR/ CARIÑO**<br>(positiva) Afecto que sentimos por otras personas | • S.: regocijo, aceptación, seguridad y trascendencia.<br>• F.: sube la frecuencia cardíaca, aumenta la tensión muscular y disminuye el volumen sanguíneo.<br>• A.: atracción, acercamiento y comprensión. | • Desencadenantes: separación física o fisiológica, pérdida y fracaso.<br>• Procesos cognitivos:<br>  - N.: baja sorpresividad y familiaridad.<br>  - Agrado Intrínseco (A.I.): alto.<br>  - S.: tendencia construyente y urgencia baja.<br>  - A.: control muy bajo y poder muy alto. |
| | FISHER, SHAVER y CARNOCHAN, 1990<br>• Amor apasionado: emoción intensa referida a un estado intenso de anhelo por la unión con otro.<br>• Amor compañero: emoción lejana, menos intensa que combina sentimiento de profundo cariño con compromiso e intimidad y que puede definirse como el afecto y la ternura que sentimos por aquellos con quienes vivimos. | |

| HUMOR (positiva) Buena disposición en que uno se encuentra para hacer algo | • S.: risa, relajación y abandono del cuerpo.<br>• F.: sube la frecuencia cardíaca, aumenta la presión arterial y disminuye el volumen sanguíneo.<br>• A.: participación social. | • Desencadenantes: ambiente social, situaciones graciosas y estimulantes.<br>• Procesos cognitivos:<br>- N.: alta sorpresividad y media predictibilidad.<br>- A. I.: alto:<br>- S.: relevante para el yo y urgencia baja.<br>- A.: causa otros y ajusta otros. |
|---|---|---|
| ANSIEDAD (negativa) Estado de inquietud y agitación | • S.: tensión, malestar y pavor.<br>• F.: suben la frecuencia cardíaca y la tensión muscular, y disminuye el volumen sanguíneo.<br>• A.: hipervigilancia y exploración del miedo. | • Desencadenantes: amenaza y expectativas de peligro aprendidas.<br>• Procesos cognitivos:<br>- N.: baja sorpresividad.<br>- S.: relevante para el cuerpo y el yo.<br>- A.: agentes otros o natural y poder muy bajo. |
| HOSTILIDAD (negativa) Actitud social de resentimiento que conlleva respuestas verbales o motoras implícitas | • S.: resentimiento, disgusto y enojo.<br>• F.: suben la frecuencia cardíaca y la tensión muscular, y disminuye el volumen sanguíneo.<br>• A.: agresión verbal y física e irritabilidad. | • Desencadenantes: violencia física y verbal.<br>• Procesos cognitivos:<br>- N.: baja sorpresividad y predictibilidad.<br>- S.: relevante para el orden y tendencia construyente.<br>- Compatibilidad: sociales y personales bajas. |

## 1.4. ESTRATEGIAS GENERALES DE APRENDIZAJE

Las estrategias generales se refieren al conjunto de procedimientos que utiliza el estudiante y que le permiten controlar su aprendizaje (Pozo y Moneo, 2000).

Las estrategias metacognitivas se refieren al conocimiento del contenido del pensamiento y al control de la actividad, tanto del pensamiento como del aprendizaje. Son el resultado del conocimiento que el sujeto tiene sobre su propio aprendizaje. En primer lugar, permiten al pensamiento informar al sujeto sobre cómo aprende, así como de las situaciones internas y externas en las que debe mejorar su forma de aprender. En segundo lugar, ayudan al estudiante a planificar las metas de forma flexible. En tercer lugar, le permiten ir tomando conciencia del cambio en las disposiciones y motivaciones como resultado de haber conseguido o no los planes y metas propuestas. En cuarto y último lugar, como consecuencia de la reflexión diaria, a partir de lo conseguido o no, el estudiante va pensando cómo debe utilizar intencionalmente sus recursos cognitivos superiores, mejorando la capacidad de autorregular su proceso de aprendizaje (Flavell, 1971 y Marti, 2000).

Las estrategias generales de aprendizaje son un conjunto de procesos cognitivos encuadrados en un plan de acción. El estudiante emplea las estrategias para abordar con éxito su tarea de aprendizaje a partir de la elaboración del material presentado. Las estrategias de aprendizaje son variables intervinientes que influyen directamente en la ejecución académica.

Las estrategias generales de aprendizaje son:

- El conjunto de procedimientos empleados por el estudiante que le facilitan la adquisición de conocimientos.
- La suma de actividades orientadas intencionalmente a mejorar el aprendizaje.
- El conjunto de actividades que permiten al estudiante conseguir mayor rendimiento y satisfacción personal.

A continuación, resaltamos cinco dimensiones que caracterizan a las estrategias generales de aprendizaje:

1. Conscientes: relacionadas con los procesos atencionales controlados.
2. Autodirigidas: relacionadas con el proceso de memoria operativa o de trabajo.
3. Generales: relacionadas con cualquier situación de aprendizaje.
4. Metacognitivas: autoconciencia y autocontrol, relacionadas con la autoevaluación, planificación y autorregulación.
5. Afectivo-motivacionales: refuerzos dinamizadores dirigidos a reducir la ansiedad.

# ESTRATEGIAS GENERALES DE APRENDIZAJE AUTORREGULADO

Conjunto de procedimientos y actividades orientados
por el estudiante a la mejora de su aprendizaje.
La implicación del estudiante facilita conseguir un aprendizaje
más efectivo y un mayor rendimiento.

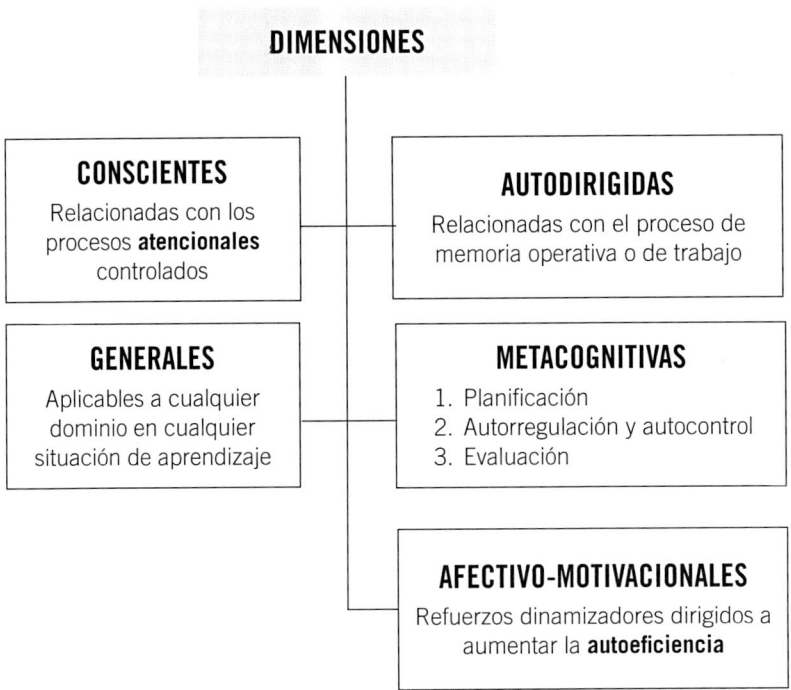

**DIMENSIONES**

**CONSCIENTES**
Relacionadas con los
procesos **atencionales**
controlados

**AUTODIRIGIDAS**
Relacionadas con el proceso de
memoria operativa o de trabajo

**GENERALES**
Aplicables a cualquier
dominio en cualquier
situación de aprendizaje

**METACOGNITIVAS**
1. Planificación
2. Autorregulación y autocontrol
3. Evaluación

**AFECTIVO-MOTIVACIONALES**
Refuerzos dinamizadores dirigidos a
aumentar la **autoeficiencia**

Las estrategias metacognitivas activan el control ejecutivo y se encargan de reflexionar, activar y gestionar en el pensamiento tres aspectos esenciales del aprendizaje:
- Evaluación de la persona, de la tarea y de la estrategia.
- Planificación, aplicación de tiempo y esfuerzo.
- Autorregulación intencional: capacidad del sujeto para seguir el plan trazado y comprobar su eficacia.

Las estrategias afectivas o de apoyo afectivo hacen referencia a la programación de metas, el control del proceso de atención y la autoevaluación.

Tanto las estrategias metacognitivas como las afectivas son generales y por tanto aplicables a todos los dominios.

## 1.5. AUTOINFORMES

Los autoinformes, como resultado de la autoevaluación diaria, nos dan a conocer una serie de esquemas que los estudiantes van organizando sobre sus acciones y las de las personas significativas que hay en su entorno (Mischel, 1995).

Los esquemas almacenados en la memoria son estructuras cognitivas básicas, patrones organizados por cada persona que, a su vez, utiliza para pensar y actuar. Por tanto, a cada estudiante le permiten ir relacionando su pensamiento con su conducta personal de aprendizaje.

El papel de los esquemas es central ya que, a partir de ellos, cada estudiante va elaborando sus expectativas, que posteriormente utilizará para hacer planes y marcarse sucesivas metas (Zimmerman, 1989 y 2000).

# ANÁLISIS DEL CONTENIDO DE LOS AUTOINFORMES

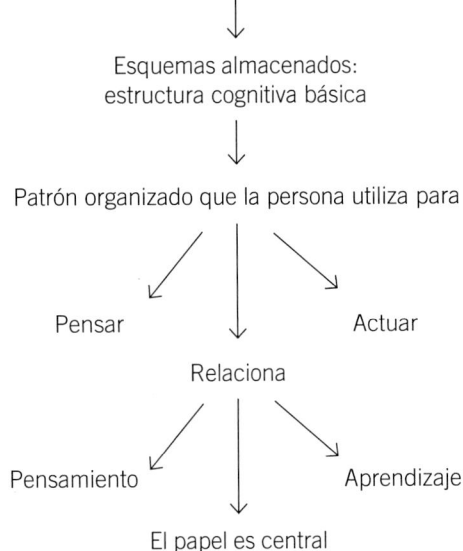

Esquemas almacenados: estructura cognitiva básica

Patrón organizado que la persona utiliza para

Pensar          Actuar

Relaciona

Pensamiento          Aprendizaje

El papel es central

El sujeto, al reflexionar pensando sobre su experiencia personal (en concreto en cómo actúa cuando aprende), poco a poco va desarrollando un mapa cognitivo de su situación interna-externa que le sirve de orientación y guía al establecer las diferentes rutas que debe escoger para ir alcanzando las sucesivas metas que se va proponiendo (Mischel, 1995).

A continuación, transcribimos literalmente parte del contenido de los autoinformes de algunos estudiantes universitarios:

«Desde el principio la realización de esta práctica me atrajo, lo vi como una especie de profesor Keating en *El club de los poetas muertos* que trataba de estimular a sus chicos hacia una mejora de la autoestima basándose en el lema *carpe diem* ('Aprovecha el momento'), todo tenía mucha relación, ya que eran clases fuera de lo común en la que nos hablaba de cómo nos encontrábamos sin conocernos».

«Si a los estudiantes de los institutos se les planteara la pregunta "¿En qué puede mejorar tu aprendizaje?", y después les explicaran brevemente los procesos que intervienen en él, el fracaso escolar se reduciría notablemente».

«Esta práctica me ha ayudado a conocerme más a mí mismo, me siento afortunado por disponer de tantas posibilidades de autorrealización».

«Los buenos resultados me animan a seguir trabajando de esta forma».

«Lo más importante es la planificación, pero lo más difícil es el control de distracciones, que a su vez es lo que te permite rendir más en menos tiempo».

«Al utilizar las estrategias generales metacognitivas, el aprendizaje me ha resultado más fácil y exitoso».

En la siguiente transcripción literal de algunos estudiantes universitarios, se pueden comprobar parte de los efectos logrados; pues el uso continuado de la herramienta Aprender Pensando les ha permitido entrelazar y convertir la teoría en vida:

«Gracias a esta práctica, he hablado por primera vez conmigo mismo y de forma sincera he analizado qué debo hacer para mejorar mi aprendizaje».

«He aprendido a conocer mi mundo interior, mi forma de afrontar las diferentes situaciones, a describir con detalle lo que hago bien y mal, ayudándome a dar más de mí en todo momento».

«Me ha supuesto mucho esfuerzo, pero también un altísimo nivel de satisfacción».

«Nunca había aprovechado tanto el tiempo».

«Ahora centro mi energía en reflexionar cómo organizo la materia de estudio en el tiempo, así como en autorregular mi atención controlando distracciones».

«En vez de tener depresión, mi conciencia está tranquila, sin ansiedad».

«He tomado mi aprendizaje como un reto personal y me siento capaz de realizar lo que me proponga porque sé que lo puedo conseguir».

«Si pongo en ello voluntad, esfuerzo, sabiduría y conciencia, lo lograré».

«Fueron de gran ayuda la motivación y el ánimo que la profesora nos transmitió en todo momento».

El análisis cualitativo del contenido de los autoinformes nos permitió identificar las diferentes formas en las que los estudiantes iban elaborando, categorizando y almacenando sus representaciones mentales en los correspondientes esquemas.

Los esquemas recogen la información sobre los cambios que los estudiantes iban consiguiendo en su aprendizaje. Nos informan de la experiencia que tienen en cada momento sobre las distintas relaciones estímulo-consecuencia y conducta-consecuencia. De esta forma, en los autoinformes los estudiantes nos dan a conocer el contenido de su pensamiento como resultado de las diarias autoevaluaciones sobre:

- Los sucesivos planes y metas.
- Los sucesivos éxitos o fracasos y el consiguiente estado de ánimo.
- La importancia de los distintos estímulos recibidos.

Como resultado de todo lo anterior, surge el desarrollo de nuevas expectativas.

El alumnado de 5.º y 6.º de Primaria y Secundaria-Bachillerato que participó en las distintas intervenciones presentaba una vez al mes un autoinforme donde se reflejaba el procedimiento seguido para trasladar los conceptos de los distintos procesos que se estaban trabajando a la planificación de metas y autorregulación de la conducta.

En la realización de los autoinformes, los estudiantes de cada nivel sometían a juicio su aprendizaje y, pensando, revisaban los logros conseguidos, planificaban la tarea y concretaban las siguientes metas. De esta forma, la intencionalidad de su conducta por medio de la autorregulación se iba convirtiendo en conducta estratégica.

Este planteamiento les suponía un entrenamiento diario en dos aspectos claves de la metacognición: la conciencia y el control de la conducta dirigida a la meta de aprender mejorando el rendimiento en interacción con el contexto más próximo.

Los autoinformes recogían el proceso seguido y el estado de ánimo que tenían en función de lo conseguido. Aquí es donde identificamos las representaciones mentales y de aquí es de donde recogimos los ítems o preguntas que forman el contenido de la herramienta Aprender Pensando adaptada a los niveles educativos de 5.º y 6.º de Primaria, Secundaria-Bachillerato y Universidad.

A esta línea de investigación centrada en el entrenamiento en la adquisición de estrategias generales de aprendizaje metacognitivas y afectivas nos hemos dedicado a lo largo de más de dos décadas. En este amplio intervalo de tiempo hemos desarrollado y participado en sucesivas intervenciones con diferentes muestras de estudiantes de los niveles de 5.º y 6.º de Primaria, Secundaria-Bachillerato (incluyendo al profesorado y familias) y Universidad. Las distintas intervenciones con el alumnado siempre se desarrollaron en el espacio natural del aula, en horario escolar y con el profesorado y las familias en horario extraescolar.

## 1.6. RESUMEN

El proyecto «Aprender Pensando: adquisición de estrategias generales de aprendizaje», desarrollado en las diferentes intervenciones llevadas a cabo con el alumnado de los niveles de 5.º y 6.º de Primaria, Secundaria-Bachillerato y Universidad, se centró a nivel individual en justificar a los estudiantes de los tres niveles la **necesidad de activar su pensamiento y, pensando, someter a juicio su personal proceso de aprendizaje.**

Al reflexionar, analizaban y describían por medio de la autoevaluación las características de su estado en ese momento. A partir de ahí, se justificaba la necesidad de seguir PENSANDO para que cada uno eligiera el procedimiento más eficaz que les permitiera acortar la distancia entre el estado en que estaban y el pretendido.

Se resaltaban de los distintos procesos cognitivos y afectivo-motivacionales, entre otros, los siguientes conceptos más significativos por su relación con las estrategias generales de aprendizaje:

- Dentro del **pensamiento**: los siete pasos de la resolución de problemas.
- En la **memoria**: las funciones del ejecutivo central.
- En la **atención**: la diferencia entre procesos controlados y automáticos.

Dentro de la **motivación**: la intención y el motivo de logro. Y, como práctica diaria después de la autoevaluación, al analizar si habían conseguido o no las metas propuestas y el estado emocional en el que se encontraban, lo comparaban con las diferentes clases de emociones: positivas o negativas.

- Dentro de las estrategias generales de aprendizaje: las diferentes dimensiones y por último se resaltaba el enorme poder y valor de los autorregistros diarios y autoinformes mensuales como procedimiento o recurso metodológico.
- En interacción con el contexto familiar y escolar: justificando a ambos grupos la necesidad de poner en marcha un trabajo cooperativo y colaborativo desde el enfoque mediacional.

Las intervenciones con el alumnado de 5.º y 6.º de Primaria y Secundaria-Bachillerato siempre se desarrollaban a lo largo del curso académico, durante los meses comprendidos entre noviembre y abril. En la primera semana del mes de noviembre se comenzó con una hora de clase diaria y posteriormente una hora cada quince días, siempre en horario escolar.

Las intervenciones con las familias se desarrollaban en tres sesiones: dos de formación (noviembre y enero) y una de evaluación (abril), siempre en horario extraescolar de cinco a seis de la tarde.

La intervención con el profesorado era en el mismo horario que las familias, pero en dos sesiones: una de información sobre el contenido del proyecto y otra de evaluación sobre la intervención.

Como resultado, se obtuvo un alto grado de satisfacción tanto por parte del alumnado como del profesorado y las familias.

# CAPÍTULO 2

# ESTRUCTURA DE LA HERRAMIENTA APRENDER PENSANDO: TEORÍA Y MÉTODO

## 2.1. TEORÍA DE LAS VARIABLES PERSONALES

A lo largo del capítulo expondremos el procedimiento de validación y construcción definitiva de la herramienta. Su estructura es el resultado de la aplicación de la teoría de las variables personales de Mischel al dominio concreto del aprendizaje académico. Por eso las cinco variables de que consta coinciden con las que se describen en la teoría.

Como esta teoría hunde sus raíces y se apoya a nivel general en el aprendizaje social cognitivo de Bandura (1986 y 1997), comenzamos resaltando algunos conceptos claves de este modelo para, a continuación, detenernos en la descripción de la teoría y la definición de las cinco variables que contempla.

En el **aprendizaje social cognitivo**, Bandura (1979) defiende que el funcionamiento humano se explica como un modelo de reciprocidad triádico donde la persona, la conducta y la situación están en continua interacción recíproca.

Los factores personales y cognitivos y los acontecimientos ambientales actúan entre sí como determinantes interactivos. Desde esta perspectiva, la naturaleza de los sujetos se define con relación a cierto número de capacidades básicas: simbolizadora, de previsión, vicaria, autorreguladora y de autorreflexión.

### CAPACIDAD SIMBOLIZADORA

Se refiere al conjunto de las representaciones cognitivas del conocimiento y de las distintas experiencias que proporcionan la materia para el pensamiento.

Mediante la manipulación de los símbolos más relevantes es posible comprender las relaciones causales, aumentar los propios conocimientos, solucionar problemas y deducir las consecuencias de los actos sin necesitar realizarlos. En definitiva, **gracias al pensamiento, es posible activar los conocimientos que poseemos para alcanzar distintos objetivos o metas.**

### CAPACIDAD DE PREVISIÓN

Ahora bien, las personas no se limitan a reaccionar ante su entorno inmediato ni tampoco están reguladas por los imperativos de su pasado. La mayor parte de su conducta, al ser propositiva, está regulada por la capacidad de previsión.

Gracias a la previsión, los individuos se motivan, dirigen sus actos de forma anticipada y son capaces de predecir las consecuencias más probables de sus acciones previstas.

**La representación cognitiva de los acontecimientos futuros puede tener un efecto importante en las acciones presentes, por lo que las imágenes mentales de los acontecimientos deseables favorecen la realización de aquellas conductas que pueden tener una mayor probabilidad de convertirse en realidad.**

La previsión se traduce en actos mediante la ayuda de ciertos mecanismos de autorregulación.

### CAPACIDAD VICARIA

Nos va a permitir aprender por medio de la observación. Gracias a ella, es posible generar y regular patrones de conducta sin tener que ir formándolos gradualmente mediante ensayo y error.

El aprendizaje por modelado, a diferencia de otros modos de aprender, permite la reproducción mental activamente elaborada por el observador de un modelo que realiza alguna acción o sufre las consecuencias de ella. **El observador aprende por imitación la conducta observada en el modelo sin necesidad de realizar tal acción o conducta.**

### CAPACIDAD AUTORREGULADORA

Un distintivo clave de la teoría cognitivo-social es el papel que se asigna a las funciones de la capacidad autorreguladora. Los individuos no actúan únicamente para adaptarse a las preferencias de los demás, sino que gran parte de su conducta está motivada y regulada por criterios internos y reacciones autoevaluadoras de sus propios actos.

Una vez establecidos los criterios personales, las discrepancias entre una actuación y el criterio con el que se mide activan las autorregulaciones evaluadoras que sirven para influir en la conducta posterior.

Por consiguiente, todo acto incluye entre sus determinantes las influencias autoproducidas. La autodirección se ejerce influyendo sobre el entorno externo y poniendo en marcha las funciones autorreguladoras.

En este sentido, **el individuo es capaz de organizar las condiciones ambientales facilitadoras, utilizar métodos cognitivos y crear incentivos para sus propios esfuerzos influyendo directamente en su propia motivación y en sus actos.**

La autorregulación no se consigue con un alarde de fuerza de voluntad, sino que actúa mediante un conjunto de subfunciones que han de ser desarrolladas y movilizadas para conseguir el cambio autodirigido (Bandura, 1977, y Kander, 1977).

## CAPACIDAD DE AUTORREFLEXIÓN

Permite a la persona analizar sus experiencias y reflexionar sobre sus procesos mentales. Al reflexionar sobre sus distintas experiencias y sobre sus conocimientos, puede llegar a alcanzar un conocimiento genérico sobre sí mismo y sobre el mundo que le rodea.

Además de poder evaluar y modificar sus pensamientos por medio de la autorreflexión, el individuo puede observar sus ideas, actuar sobre ellas, predecir los acontecimientos, así como juzgar si son adecuadas o no y, a la luz de los resultados, modificarlas en función de estos.

Entre los tipos de pensamiento que inciden sobre el comportamiento, el más importante es la opinión que el individuo tenga de su capacidad para afrontar de forma eficaz distintas realidades. La AUTOEFICACIA que poseen las personas determina, en parte, las opciones que estas toman, la cantidad de esfuerzo que son capaces de invertir en las diferentes actividades, el grado de perseverancia que desarrollan ante los resultados decepcionantes y la actitud ansiosa o de seguridad en sí mismas con la que se enfrentan a las situaciones.

**En el proceso de autoevaluación de la eficacia, existen diversas fuentes de información que han de tratarse y procesarse por medio del pensamiento autorreferente. Actuar de acuerdo con las autopercepciones de eficacia puede representar el éxito o el fracaso, lo que requerirá posteriores autoevaluaciones de las propias competencias. El autoconocimiento es en gran parte el resultado o conocimiento de sí mismo como consecuencia de la autoevaluación reflexiva.**

En el modelo que desarrolla Mischel (1976, 1981, 1995 y 1996) sobre la teoría de las variables personales, la conducta del individuo se explica por una continua interacción entre las variables personales y las situacionales. El resultado de dicha interacción constituye el ambiente psicológico que explica, en parte, el carácter activo del sujeto.

Las variables personales están estrechamente relacionadas con las reacciones afectivas y estas, a su vez, dependen de la estructura cognitiva por medio de la cual se interpretan y etiquetan, siendo inseparables entre sí.

Las variables personales son el producto de la historia total del sujeto y reflejan el modo activo con el que se enfrenta a la situación y la posibilidad de generar patrones complejos de conducta.

El sistema funciona en conjunto como una única red de interconexiones organizadas entre cogniciones y afecto, no como variables, fuerzas o tendencias separadas e independientes. Por todo ello, la organización de la conducta se interpreta no como una lista de metas, planes, recursos y creencias, sino como un modelo que relaciona entre sí todos los componentes de una organización psicológicamente significativa de relaciones cognitivo-afectivas.

# EL SISTEMA DE LA PERSONA

Funciona como

↓

## la única red de interconexiones organizadas

↓

entre y

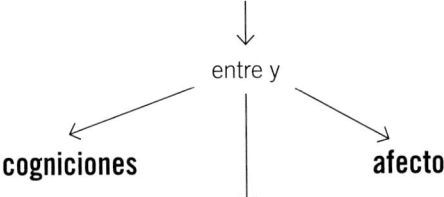

**cogniciones**                    **afecto**

↓

## No son variables o tendencias separadas e independientes

La teoría de las variables personales contempla cinco variables:

1. Competencia
2. Categorización-codificación
3. Expectativas
4. Valoración de la situación
5. Autorreguladores y planes

# VARIABLES PERSONALES

## Potencialidad de conducta

↓

1. COMPETENCIA
2. CODIFICACIÓN-CATEGORIZACIÓN

## Ejecución de conducta

3. EXPECTATIVAS
4. VALORACIÓN SUBJETIVA DE LA SITUACIÓN
5. AUTORREGULADORES Y PLANES

Variable 1: Competencia

Es el grado de convicción en la propia capacidad y suficiencia para hacer frente a las diversas demandas, elaborar conocimientos y realizar acciones.

Esta variable se centra en lo que el sujeto puede hacer a partir de lo que conoce. Denota la capacidad para utilizar y transformar activamente la información: crear ideas, realizar acciones y desarrollar habilidades y estrategias en la solución de problemas.

Gracias a los conocimientos adquiridos, cada persona va aprendiendo a practicar activamente una multitud de conductas. La confianza en la propia competencia se manifiesta en la persistencia del sujeto en esa determinada conducta. Son patrones cognitivos-conductuales o procesos activos que la persona puede utilizar en diferentes situaciones. Cada situación requiere un tipo de competencia. Nosotros nos centraremos en la relacionada con la experiencia adquirida por el estudiante en la actividad concreta del aprendizaje académico.

Variable 2: Codificación-categorización

Se refiere a las transformaciones cognitivas que la persona hace de los diferentes estímulos del ambiente y la situación que son percibidos, clasificados y codificados por cada sujeto de una forma determinada. Estas operaciones cognitivas serán las que modifiquen su efecto.

La atención, interpretación y clasificación selectivas modifican el influjo que el estímulo ejerce sobre el comportamiento. Cada persona agrupa los hechos, las situaciones y los acontecimientos que le rodean en categorías, representaciones mentales o esquemas y los organiza activamente en unidades significativas, tanto para describir como para explicar sus experiencias y su personalidad. Será esto, por consiguiente, lo que influirá directamente en la visión que cada uno tiene del mundo.

La codificación y la categorización son marcos de referencia significativos en función de los cuales la persona categoriza los distintos fenómenos incluyéndose a sí mismos y su conducta. Estos filtros adaptativos permiten al individuo afrontar las distintas situaciones con ciertas posibilidades de éxito. Vienen a ser la abstracción de lo esencial, son contenidos del conocimiento que la persona tiene sobre sí misma y sobre la situación, son creencias intrapersonales, interpersonales y situacionales.

No es la situación objetiva la que determina la reacción del sujeto, sino la forma en la que este la interpreta. La interpretación que cada persona hace de una misma situación está relacionada, por una parte, con la forma en la que cada uno previamente haya categorizado los acontecimientos y, por otra, con los esquemas que cada cual utilice.

Esta variable nos permite conocer la clasificación y codificación que las personas hacen de las situaciones y los hechos que le rodean.

### Variable 3: Expectativas

Las expectativas que el sujeto tiene se refieren a la creencia de si puede hacer lo que desea y al probable efecto de las acciones. Entre los determinantes más importantes de la ejecución están las exceptivas específicas del sujeto respecto a las consecuencias de las diversas conductas que puede practicar en cada situación.

Las expectativas guían la selección de la conducta, que suele depender de las anteriores en situaciones parecidas, aunque no podemos olvidar las referidas a las relaciones estímulo-consecuencia. Los resultados que esperamos alcanzar dependen de multitud de condiciones estimuladoras.

Es muy importante el significado que atribuye cada persona a los *estímulos que anuncian consecuencias* y que suele derivar de las asociaciones previamente aprendidas que hay entre los signos de conducta y los resultados. Aquí se trata de pasar de las conductas posibles a la realización concreta en situaciones específicas.

Las expectativas están relacionadas con las percepciones sobre la propia eficacia como resultado de la asociación entre las consecuencias de conductas del pasado y lo que espera lograr en el futuro.

Las expectativas guían y dirigen la elección de la conducta que se ha de desarrollar, y se dividen en dos clases:

- Conductas-consecuencias. Son generalizaciones que el individuo elabora a partir de experiencias previas en situaciones parecidas.
- Estímulos-consecuencias. Están asociadas a determinados estímulos presentes en la situación y que son específicamente significativos. El valor predictivo de estos estímulos depende de la historia particular del sujeto y del significado que este le otorgue.

### Variable 4: Valoración subjetiva de la situación

Analiza la valoración que cada uno hace de la experiencia, pudiéndose observar cómo ante un mismo resultado la valoración varía según las personas. De este modo se pueden saber las preferencias y aversiones que tienen las personas por algunos estímulos, aquello que les agrada o les desagrada, los estímulos motivadores y excitadores, así como los incentivos y aversiones.

Esta variable representa el poder de la configuración estimular para inducir estados emocionales positivos o negativos en relación con el valor funcional del estímulo principal como refuerzo de conducta.

En esta variable se recoge la valoración que el sujeto da a la estimulación y la que da a las consecuencias de su conducta (refuerzo interno).

Se trata de conocer los resultados que la persona desea, ya que serán los incentivos que pondrán al individuo en movimiento, que motivarán a la persona a usar los vínculos entre comportamiento y resultados.

Variable 5: Sistemas autorreguladores y planes

Es el grado en el que las personas dirigen y controlan su propia conducta hacia las metas autoimpuestas.

Las metas guían y estructuran los proyectos que la persona persigue. Son piezas importantes en la organización y motivación de la conducta.

Las autoafirmaciones sirven para mantenerse con esfuerzo y persistencia trabajando hasta conseguir las metas propuestas según los planes marcados.

Ante las metas fijadas, las personas reaccionan con autocrítica negativa o de satisfacción.

Las normas y los planes de contingencia que guían la conducta del sujeto son otro rasgo de los sistemas autorreguladores.

Las normas especifican:

1. La clase de conducta idónea que se debe realizar en circunstancias concretas.
2. Los niveles de ejecución referidos a los criterios y metas que debe alcanzar la conducta.
3. Las consecuencias positivas o negativas que se derivan de cumplir o no con esos criterios.

Los planes especifican el orden, la organización de los patrones de conducta (Miller, Galantear y Privaran, 1960).

En esta teoría se contempla que la dirección del sí-mismo constituye para la persona un medio que le permite influir profundamente en el ambiente que le rodea llegando al *control de estímulos* o poder de la situación.

La persona puede seleccionar activamente la situación a la que se expone creando en cierto modo su propio medio ambiente a partir de tomar las decisiones oportunas sobre lo que debe hacer y no hace. Esta opción activa se hace posible al pensar, planear y reorganizar el ambiente haciéndolo más propicio a sus objetivos. El ambiente, a su vez, se puede transformar psicológicamente con autoinstrucciones o ideación, como sucede con las distracciones mentales voluntarias o con la atención concentrada.

Mischel (1977 y 1996) afirma que, para aplicar la teoría de las variables personales a un dominio particular y concreto, se necesita identificar las representaciones mentales y las relaciones mutuas. En nuestro caso, la teoría la aplicamos al dominio concreto del aprendizaje académico, y las representaciones mentales se identifican en los autoinformes del alumnado de cada nivel.

**Nuestra intervención se centra en ir orientando y apoyando al estudiante para que vaya descubriendo y comprobando el poder que cada uno adquiere sobre el APRENDIZAJE cuando activa su pensamiento. PENSANDO lo analiza, lo organiza, lo planifica y lo autoevalúa.**

En los autoinformes, los estudiantes nos presentaban el resultado de las sucesivas autoevaluaciones diarias. Su contenido nos informa sobre sus acciones y las de las personas significativas. Al estar relacionado lo que el estudiante piensa, valora y cree acerca de sí mismo con los sucesivos logros o fracasos, se refuerza el concepto de autorregulación de la conducta por medio de autoevaluaciones diarias.

El resultado de todo ello lo expresaban por escrito indicando si habían conseguido o no las metas que se habían propuesto y el estado emocional en el que se encontraban como consecuencia de todo ello.

Este contenido nos ha permitido identificar las representaciones mentales cognitivas y afectivas, y las relaciones mutuas que cada uno había establecido.

**AUTOINFORMES**

Nos dan a conocer una serie de **esquemas** que los
<u>estudiantes</u> tienen almacenados.

↓

**Su conducta de aprendizaje**

↓ ↓

Qué piensa,     Qué piensan,
valora y cree     valoran y creen
acerca de     las otras personas
sí mismo.     significativas.

## 2.2. PROCEDIMIENTO METODOLÓGICO

El procedimiento seguido para la elaboración y validación ha sido muy similar en los tres modelos de la herramienta.

**El alumnado comienza su participación en el proyecto «Aprender Pensando: entrenamiento en la adquisición de estrategias generales de aprendizaje» respondiendo a la pregunta: «¿En qué puede mejorar mi aprendizaje?».**

El estudiante, PENSANDO, elabora sus respuestas a través de las cuales describe su realidad actual. Este es su punto de partida. Por medio de la planificación de sucesivas metas, la autoevaluación y la autorregulación de la conducta, va convirtiendo su intencionalidad en conducta estratégica.

Se justifica la conveniencia de suministrarse autorrefuerzos positivos en forma de halagos verbales ante los sucesivos logros, y diariamente se refleja todo ello en los autorregistros.

El alumnado que ha participado en las diferentes intervenciones ha ido explicando, a través de los sucesivos autoinformes, su experiencia diaria sobre el proceso de entrenamiento en la adquisición de estrategias generales de aprendizaje a medida que iba aplicando los contenidos del proyecto y consiguiendo los objetivos definidos en él.

De esta forma, se nos permitía conocer los esquemas que iban elaborando en su pensamiento, esquemas que indican la forma concreta de cómo se organiza y almacena en categorías el resultado de sus acciones y de las acciones de las personas significativas de su entorno más próximo.

Lógicamente, el alumnado universitario realizaba estas actividades de forma autónoma e independiente mientras que el de Primaria y Secundaria-Bachillerato necesitaba orientación por medio de sesiones de apoyo y tutoría, con un mayor seguimiento en el caso del alumnado de Primaria.

El análisis cualitativo de los autoinformes nos permitió conocer el contenido del pensamiento. Ese contenido está presente en los ítems o preguntas de la herramienta. Todos los ítems son frases literales de los estudiantes de cada nivel correspondientes, de ahí la diferencia en el contenido de los tres **modelos de la herramienta Aprender Pensando:**
- Modelo 1: herramienta Aprender Pensando, para 5.° y 6.° de Primaria.
- Modelo 2: herramienta Aprender Pensando, nivel de Secundaria-Bachillerato.
- Modelo 3: herramienta Aprender Pensando, nivel Universidad.

La herramienta tiene la misma forma o estructura en los tres modelos, que son las cinco variables personales, pero diferente contenido o fondo, ya que lo constituyen las frases literales del alumnado de cada nivel.

En el proceso en las sucesivas intervenciones, los estudiantes utilizaron el modelo de la herramienta correspondiente a su nivel como instrumento de autoevaluación.

## 2.2.1. PARTICIPANTES

La muestra total de estudiantes que han participado a lo largo del tiempo en esta investigación ha sido de 5342 repartidos entre los tres niveles en diferentes submuestras como puede comprobarse a continuación.

**El modelo 1: herramienta Aprender Pensando, para 5.° y 6.° de Primaria** lo utilizaron de forma continua mientras duró la intervención correspondiente una población total de 576 estudiantes repartidos en cuatro submuestras de 5.° y 6.° cursos procedentes del medio rural y urbano, de los cuales 522 eran españoles y 55 italianos.

| NIVEL PRIMARIA Muestra: 576 | | | | |
|---|---|---|---|---|
| Submuestras | Sujetos | Año académico | Curso | Contexto |
| Muestra 1* | 430 | 2004-05 | 5.º y 6.º (10 y 11 años) | Concertados públicos urbanos |
| Muestra 2 (italianos) | 55 | 2007-08 | 5.º (11 años) | Públicos rurales |
| Muestra 3 | 50 | 2007-08 | 5.º (10 años) | Públicos rurales |
| Muestra 4* | 44 | 2008-09 | 6.º (11 años) | Públicos rurales urbanos |

*Intervenciones en el aula en horario escolar, incluidos profesorado y familias.

**El modelo 2: herramienta Aprender Pensando, nivel de Secundaria-Bachille-rato,** lo utilizaron de forma continua mientras duró la intervención correspondiente un total de 2480 estudiantes pertenecientes a cinco submuestras. La primera y la segunda recogen los datos de 1420 alumnos de los distintos cursos de BUP y COU. Los datos de la tercera, cuarta y quinta corresponden a los 1060 estudiantes de los cursos de primero, segundo y cuarto de Enseñanza Secundaria Obligatoria.

| NIVEL SECUNDARIA-BACHILLERATO Muestra: 2480 | | | | |
|---|---|---|---|---|
| Submuestras | Sujetos | Año académico | Curso | Contexto |
| Muestra 1* | 1025 | 1989-90 | BUP | BUP |
| Muestra 2 | 395 | 1992-93 | 1.º BUP | Públicos rurales |
| Muestra 3 | 726 | 2004-05 | 2004-05 | Concertados y públicos urbanos |
| Muestra 4 | 310 | 2005-06 | 2.º y 4.º ESO | Concertados y públicos rurales y urbanos, autonom. CyL |
| Muestra 5* | 24 | 2008-09 (octubre-mayo) | 2.º ESO (validez del instrumento) | Públicos urbanos |

**El modelo 3: herramienta Aprender Pensando, nivel Universidad** lo utilizaron de forma continua un total de 2286 estudiantes de los cursos de primero y cuarto de diferentes diplomaturas, licenciaturas y grados.

Los objetivos y contenidos del proyecto aplicados a los estudiantes universitarios se describían dentro del proyecto docente de la asignatura de Procesos Psicológicos Básicos, que formaba parte de sus créditos prácticos de dicha asignatura.

| NIVEL UNIVERSIDAD Muestra: 2286 | | | |
|---|---|---|---|
| Submuestras | Sujetos | Año académico | Titulación |
| Muestra 1 | 1920 | 1992-2004 | Psicopedagogía |
| Muestra 2 | 124 | 2005-06 | Trabajo Social, Logopedia, Psicopedagogía |
| Muestra 3 | 92 | 2006-07 (enero-mayo) | Trabajo Social, Logopedia, Psicopedagogía (validez del instrumento) |
| Muestra 4 | 86 | 2008-09 (enero-mayo) | Trabajo Social, Logopedia, Psicopedagogía (experiencia piloto de innovación) |
| Muestra 5 | 64 | 2009-10 (marzo-junio 2010) | Trabajo Social, Psicopedagogía |

Créditos prácticos de Procesos Psicológicos Básicos

## 2.2.2.RESULTADOS

Para la validación de los tres modelos de la herramienta se utilizaron los datos CUANTITATIVOS obtenidos de las diferentes muestras de estudiantes de cada nivel, con los que se intervino aplicando el proyecto «Aprender Pensando: entrenamiento en la adquisición de estrategias generales de aprendizaje» durante el amplio espacio de más de dos décadas.

Cada uno de los tres modelos de la herramienta se ha sometido a sucesivos tratamientos estadísticos y se han realizado reiterados análisis factoriales cuyos resultados nos iban permitiendo ir ajustando el número de ítems totales y parciales a las correspondientes variables de la herramienta en los tres modelos.

Los distintos tratamientos estadísticos efectuados han confirmado la fiabilidad o validez interna y los diferentes tipos de validez: concurrente, predictiva, de constructo y de contenido (Calleja, 2008).

Respecto al **modelo 1: herramienta Aprender Pensando, para 5.º y 6.º de Primaria,** resaltamos que la última intervención se realizó durante todo el curso académico 2008-09, en el que se impartió el proyecto «Aprender Pensando: adquisición de estrategias generales de aprendizaje» al alumnado de 5.º y 6.º de Primaria en horario escolar y con sus familias y profesorado en horario extraescolar en dos centros públicos, uno rural y otro urbano.

En el proyecto participaron un total de 44 estudiantes, 28 del centro urbano y 18 del centro rural. Con los datos obtenidos en el mes de abril se realizó el último análisis factorial, en el que se obtuvo una fiabilidad alfa Cronbach = 0,931 y una solución interpretable de 7 factores que explican el 70,745 por ciento de la varianza común, comprobándose que 5 factores explican el 62,158 por ciento de la varianza.

En el **modelo 2: herramienta Aprender Pensando, nivel de Secundaria-Bachillerato** se ha trabajado con una muestra total de 2480 estudiantes de diferentes cursos de BUP, COU y Secundaria. Aquí se presentan los resultados de los análisis efectuados con la última submuestra de sujetos con los que se desarrolló el proyecto «Aprender Pensando: entrenamiento en la adquisición de estrategias generales de aprendizaje». La intervención se efectuó durante los meses de octubre a mayo del curso académico 2008-09. Se trabajó en un centro público con 24 estudiantes de segundo curso de Secundaria en horario escolar y con sus familias y profesorado en horario extraescolar.

Con los datos del mes de mayo se realizaron los mismos análisis estadísticos que los aplicados a las muestras del nivel de Primaria y se obtuvo un coeficiente de fiabilidad alfa Cronbach = 0,92. Del análisis factorial efectuado se deduce una solución interpretable de 5 factores que explican el 69,55 por ciento de la varianza.

En el proceso de elaboración y validación del **modelo 3: herramienta Aprender Pensando, nivel Universidad**, participó una muestra total de 2286 estudiantes de diferentes titulaciones y cursos repartidos en cinco submuestras durante el amplio intervalo comprendido entre 1992 y 2010.

Durante el curso académico 2009-10 se desarrolló el proyecto de innovación docente con el alumnado de primero de la Diplomatura de Trabajo Social y cuarto de la Licenciatura de Psicopedagogía.

Los estudiantes utilizaron el **modelo 3: herramienta Aprender Pensando, nivel Universidad**, adaptado a formato electrónico. Lo completaron 64 estudiantes en la página web del proyecto de Innovación Docente durante todos los meses del segundo cuatrimestre.

Con los datos obtenidos en el mes de junio se repiten los tratamientos estadísticos aplicados en los modelos 1 y 2, y se obtuvo un coeficiente de fiabilidad alfa de Cronbach = 0,958. Respecto a la aplicación del análisis factorial por el método de componentes principales y criterio de extracción de factores, según el *screeplot* de Cattell con rotación Varimax, se obtuvo una solución interpretable de 12 factores que explican el 76,562 por ciento de la varianza, comprobando que 5 factores explican el 57,067 por ciento de la varianza común.

A continuación, procedemos a corresponder, en los tres modelos, los cinco primeros factores con cada una de las cinco variables del modelo teórico. El procedimiento metodológico seguido nos permitió:

1. Comprobar que la validez interna se confirma con los cinco primeros factores en los tres modelos de la herramienta Aprender Pensando.
2. Aplicar la teoría de las variables personales al dominio concreto del aprendizaje académico en los niveles de 5.º y 6.º de Primaria, Secundaria-Bachillerato y Universidad.

Al aplicar la teoría de las variables personales de Mischel (1977, 1981 y 1995) a los tres modelos de la herramienta Aprender Pensando, se mantiene la misma estructura en los tres modelos, que consta de cinco variables que se corresponden con cada una de las que contempla la teoría:

1. COMPETENCIA: capacidad del estudiante para desarrollar diversas conductas bajo condiciones apropiadas y relacionadas con su propia experiencia.
2. CATEGORIZACIÓN-CODIFICACIÓN: el ambiente, la situación y los estímulos son clasificados y codificados por cada sujeto. A través de estas transformaciones cognitivas, el sujeto analiza y modifica la estimulación recibida del ambiente según su impacto o influjo sobre él.
3. EXPECTATIVAS: con respecto a las consecuencias de la conducta. Son asociaciones entre conductas y resultados que guían al sujeto en la selección de su conducta y dependen de la historia de aprendizaje del individuo.
4. VALORACIÓN DE LA SITUACIÓN: valor que el sujeto da a la estimulación, preferencias de estímulos o aversiones personales. Se trata del poder que posee el estímulo principal en función de los intereses, valores o preferencias de cada estudiante, todo lo cual influye sobre él a la hora de elegir desempeños alternativos.
5. AUTORREGULADORES Y PLANES: el estudiante aprende a regular su conducta en función de las metas propuestas voluntariamente. Se trata de normas y planes que guían su conducta. Los planes especifican el orden, así como la organización de los patrones de conducta. El sujeto va aprendiendo a dirigirse a sí mismo, así como a influir en el ambiente que le rodea. El ambiente se puede transformar a partir de autoinstrucciones o toma de decisiones sucesivas sobre lo que el estudiante cree que debe o no debe hacer.

| RESULTADOS DEL ANÁLISIS FACTORIAL Y SU ADECUACIÓN A LA TEORÍA DE LAS VARIABLES PERSONALES | | | | |
|---|---|---|---|---|
| VARIABLES | FACTORES | NIVEL UNIVERSIDAD | NIVEL SECUNDARIA - BACHILLERATO | NIVEL 5.º Y 6.º PRIMARIA |
| Competencia | 1 | Valor propio = 17,22 Explica = 35,871 % | Valor propio = 9,854 Explica = 31,786 % | Valor propio = 14,179 Explica = 32,974 % |
| Categorización-codificación | 2 | Valor propio = 3,193 Explica = 6,653 % | Valor propio = 4,635 Explica = 14,950 % | Valor propio = 4,295 Explica = 9,989 % |
| Expectativas | 3 | Valor propio = 2,81 Explica = 5,854 % | Valor propio = 2,763 Explica = 8,915 % | Valor propio = 3,219 Explica = 7,485 % |
| Valoración subjetiva de la situación | 4 | Valor propio = 2,169 Explica = 4,518 % | Valor propio = 2,294 Explica = 7,401 % | Valor propio = 2,724 Explica = 6,334 % |
| Autorreguladores y planes | 5 | Valor propio = 2,003 Explica = 4,172 % | Valor propio = 2,016 Explica = 6,504 % | Valor propio = 2,724 Explica = 5,376 % |

Los tres modelos de la herramienta Aprender Pensando se concretan en una escala tipo Lickers de cuatro opciones donde:

1. La conducta no ocurre nunca y se corresponde con NUNCA.
2. La conducta ocurre alguna vez y se corresponde con A VECES.
3. La conducta ocurre con relativa frecuencia y se corresponde con CASI SIEMPRE.
4. La conducta se cumple todas las veces y se corresponde con SIEMPRE.

El **modelo 1: herramienta Aprender Pensando, para 5.º y 6.º de Primaria** tiene un total de 40 ítems o preguntas que se reparten por igual entre las 5 variables de la siguiente forma:

1. COMPETENCIA                                    8
2. CODIFICACIÓN-CATEGORIZACIÓN     8
3. EXPECTATIVAS                                   8
4. VALORACIÓN DE LA SITUACIÓN       8
5. AUTORREGULADORES Y PLANES       8

El **modelo 2: herramienta Aprender Pensando, nivel Secundaria-Bachillerato** tiene un total de 30 ítems que se reparten por igual entre las 5 variables:

1. COMPETENCIA                                    6
2. CODIFICACIÓN-CATEGORIZACIÓN     6
3. EXPECTATIVAS                                   6
4. VALORACIÓN DE LA SITUACIÓN       6
5. AUTORREGULADORES Y PLANES       6

El **modelo 3: herramienta Aprender Pensando, nivel Universidad** tiene un total de 35 ítems que se reparten por igual entre las 5 variables:

1. COMPETENCIA                                         7
2. CODIFICACIÓN-CATEGORIZACIÓN          7
3. EXPECTATIVAS                                         7
4. VALORACIÓN DE LA SITUACIÓN             7
5. AUTORREGULADORES Y PLANES           7

| RESULTADOS FACTORIALES Y ADECUACIÓN AL MODELO TEÓRICO | | | |
|---|---|---|---|
| **VARIABLES** | **NIVEL UNIVERSIDAD** | **NIVEL SECUNDARIA-BACHILLERATO** | **NIVEL 5.º Y 6.º PRIMARIA** |
| 1. COMPETENCIA | 7 | 6 | 8 |
| 2. CATEGORIZACIÓN-CODIFICACIÓN | 7 | 6 | 8 |
| 3. EXPECTATIVAS | 7 | 6 | 8 |
| 4. VALORACIÓN DE LA SITUACIÓN | 7 | 6 | 8 |
| 5. AUTORREGULADORES Y PLANES | 7 | 6 | 8 |
| **TOTAL ÍTEMS** | **35** | **30** | **40** |

La evidencia, con el paso del tiempo, se refiere a la evolución o el cambio de las puntuaciones en las diferentes variables a medida que los estudiantes van consiguiendo los sucesivos planes y metas.

En el curso 2006-07 recogimos, a lo largo de siete meses, los datos de la evolución de los 92 estudiantes universitarios que forman la submuestra (3).

En Calleja (2008) se presenta de forma gráfica la evolución de todos los ítems de cada una de las cinco variables del modelo 3: herramienta Aprender Pensando, nivel Universidad, a lo largo de esos siete meses.

Así mismo puede comprobarse la validez predictiva que se refiere a la recta de regresión de cada variable con la nota obtenida al final del curso en la asignatura de Procesos Psicológicos Básicos. Nos cuantifica la relación comprobada en la validez concurrente para cada una de las cinco variables y la herramienta total.

Los datos nos indican que por cada unidad que aumenta el resultado en cada variable la nota aumenta entre 0,025 y 0,06. Por cada unidad que aumenta el total de la herramienta, la nota aumentaría 0,011 puntos.

Allí también puede comprobarse la validez de contenido a partir de solicitar a un grupo de diez expertos que determinara el valor que a su juicio tiene cada una de las cinco variables con relación a lo que pretende medir.

El valor mínimo para poder asegurar que sea improbable que el acuerdo se debe al azar es de 0,62. Las puntuaciones obtenidas en las variables una, dos y cinco fue de 1 y en las variables tres y cuatro fue de 0,8.

La puntuación de las cinco variables es superior al 0,62 (lo que para el grupo de expertos era el valor mínimo), confirmándose de este modo la validez de contenido.

## 2.3. RESUMEN

La **herramienta Aprender Pensando** consta de tres modelos:
- Modelo 1: para 5.º y 6.º
- Modelo 2: nivel de Secundaria-Bachillerato
- Modelo 3: nivel Universidad

El fondo o contenido de la herramienta aparece en los distintos ítems o preguntas de cada modelo. Cada ítem se corresponde con una frase literal del alumnado de cada nivel entresacada de sus respectivos autoinformes.

La forma o estructura es la misma en los tres modelos de la herramienta y consta de cinco variables que coinciden con las cinco variables de la teoría de las variables personales Mischel (1968 y 1977).

La estructura de la herramienta es el resultado de la aplicación de dicha teoría al dominio particular y concreto del aprendizaje académico fundamentado en los componentes cognitivos, motivacionales y conductuales.

En la teoría de las variables personales, la conducta del individuo se explica por una continua interacción entre las variables personales y las variables situacionales. El resultado de dicha interacción constituye el ambiente psicológico que, en parte, explica el carácter activo del sujeto.

Las variables personales están estrechamente relacionadas con las reacciones afectivas y estas, a su vez, dependen de la estructura cognitiva por medio de la cual se estructuran y etiquetan, haciéndolas inseparables.

El sistema funciona como una única red de interconexiones organizadas entre cogniciones y afecto, no son variables o tendencias separadas e independientes.

La organización de la conducta se interpreta como un modelo que relaciona entre sí todos los componentes de una organización psicológicamente significativa de relaciones cognitivas y afectivas.

La teoría contempla las siguientes variables:
- **Competencia**. Es el grado de confianza que tiene el sujeto en su propia capacidad, lo que el sujeto cree que puede hacer a partir de lo que conoce.
- **Categorización-codificación**. Se refiere a las transformaciones cognitivas que hace el sujeto de los diferentes estímulos. De ello depende la influencia de la estimulación en la conducta.

- **Expectativas**. Se encargan de guiar la selección de la conducta. Se han ido formando a partir de las asociaciones entre las consecuencias de los estímulos y de las conductas anteriores.
- **Valoración de la situación**. El valor que tienen los estímulos depende de cada sujeto. Para uno puede ser preferente porque es motivador, pero para otro sujeto ese mismo estímulo puede ser aversivo y no le supone ningún incentivo.
- **Autorreguladores y planes**. Se refieren a los criterios personales que cada sujeto ha ido construyendo a partir de su experiencia anterior. En función de ellos regula su conducta por medio de sucesivas metas.

El modelo 1 se valida con la participación de 576 estudiantes de Primaria.

El modelo 2 se valida con la participación de un total de 2480 estudiantes de BUP-COU y Secundaria.

Y el modelo 3 se valida con la participación total de 2286 estudiantes universitarios de diferentes cursos de diplomaturas, licenciaturas y grados.

En la construcción de los tres modelos se sigue el mismo procedimiento. Se someten los datos a diferentes tratamientos estadísticos, entre ellos, reiterados análisis factoriales que nos van permitiendo ir reduciendo el número de ítems de cada uno de los modelos de la herramienta. Unido a la fiabilidad, se confirman los distintos tipos de validez: concurrente, predictiva, de constructo y de contenido.

Cinco factores en los tres modelos confirman la validez interna o fiabilidad, y explican un tanto por ciento de la varianza total suficientemente elevado. Cada uno de estos cinco factores se corresponde con una de las cinco variables de la teoría de las variables personales.

La recta de regresión demuestra que, por cada unidad que aumente el resultado en cada variable, la nota aumenta entre 0,025 y 0,06, y por cada unidad que aumenta el total de la herramienta, la nota aumenta 0,011 puntos.

# CAPÍTULO 3

# MODELOS DE LA HERRAMIENTA APRENDER PENSANDO PARA 5.º Y 6.º DE PRIMARIA, SECUNDARIA-BACHILLERATO Y UNIVERSIDAD

## 3.1. DE LA TEORÍA DE LOS PROCESOS A LA CONDUCTA ESTRATÉGICA

Cada uno de los modelos de la herramienta Aprender Pensando facilita al estudiante evaluarse a sí mismo, así como su conducta y su contexto familiar y escolar.

El instrumento tiene implícitas las tres preguntas concretas que formulábamos al comenzar en cada una de las intervenciones:

1.º. ¿En qué puede mejorar mi aprendizaje?

2.º. ¿Cómo debo planificar de forma eficaz la tarea diaria?

3.º. ¿Qué actitudes de mis padres, profesores y compañeros me animan y refuerzan para seguir el plan trazado?

**APRENDER PENSANDO**

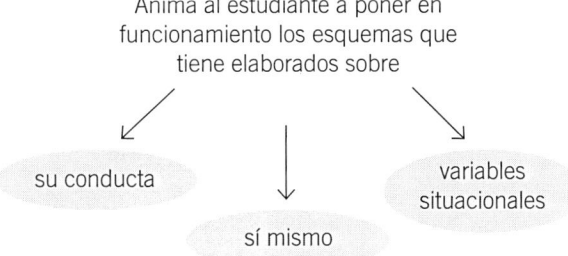

Anima al estudiante a poner en funcionamiento los esquemas que tiene elaborados sobre

su conducta

sí mismo

variables situacionales

El uso del modelo correspondiente permite al estudiante ir entrenándose:

1.º. En la planificación diaria de metas pequeñas, concretas y posibles que le facilitan acortar la distancia entre el punto de partida y el estado pretendido.

2.º. En la autoevaluación diaria de los éxitos o fracasos y el consiguiente estado emocional, resaltando tanto los estímulos que han reforzado su conducta como las expectativas derivadas de todo ello.

El contenido que presentan los ítems de cada modelo de la herramienta ofrece información sobre los cambios conseguidos por otros estudiantes del mismo nivel educativo. Informan sobre lo que piensan, creen y valoran de sí mismos y lo que creen que sus padres y profesores valoran y esperan de ellos respecto a la nueva dinámica de APRENDER PENSANDO. Los tres modelos son el resultado obtenido por los estudiantes al someter a juicio su aprendizaje.

Ahora sirven de guía a otros estudiantes, marcando la dinámica de seguir PENSANDO para poder reflexionar, analizar, organizar, planificar y decidir por dónde van a empezar y continuar si desean mejorar su APRENDIZAJE.

Como instrumentos de autoevaluación van marcando al estudiante pautas que con el uso de autorreguladores le facilitan convertir poco a poco la intencionalidad de conducta en conducta operativa. Por medio del ejecutivo central se van aplicando los siete pasos de la resolución de problemas a la vez que se evalúan los resultados y el grado de satisfacción. De esta forma se va trasladando la teoría de los procesos cognitivos y afectivo-motivacionales a la práctica aplicada como conducta estratégica.

«**Este instrumento hace referencia a una concepción del aprendizaje centrado en los componentes cognitivos, motivacionales y conductuales que proporcionan al estudiante la capacidad de ajustar sus acciones y metas para conseguir los resultados deseados**». Fernández-Abascal (2008).

---

**La herramienta Aprender Pensando** es un instrumento de autoevaluación reflexiva que facilita la adquisición de estrategias generales de aprendizaje a partir de aplicar el control ejecutivo en tres aspectos del pensamiento:
- **Evaluación** de la persona, de la tarea y de la estrategia.
- **Planificación** de la tarea en el tiempo.
- **Autorregulación** del sujeto para seguir con esfuerzo el plan trazado y comprobar su eficacia.

---

El concepto de estrategias generales de aprendizaje se interpreta como el conjunto de procedimientos y actividades orientados intencionalmente a mejorar el proceso de aprendizaje. Los distintos modelos aportan a los estudiantes del nivel correspondiente el entrenamiento en la adquisición de dichas estrategias.

# APRENDER PENSANDO
## Estrategias de aprendizaje autorregulado

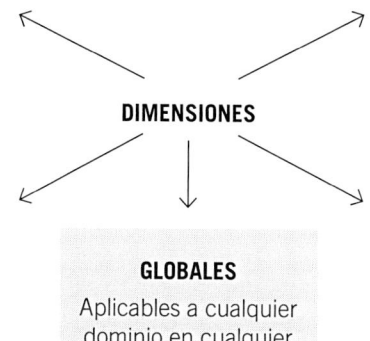

**CONSCIENTES**
Relacionadas con los procesos atencionales controlados

**DIMENSIONES**

**AFECTIVO MOTIVACIONALES**
Refuerzos dinamizadores dirigidos a aumentar la autoeficacia y reducir la ansiedad

**AUTODIRIGIDAS**
Relacionadas con los procesos de memoria operativa o de trabajo

**GLOBALES**
Aplicables a cualquier dominio en cualquier situación de aprendizaje

**METACOGNITIVAS**
1. Planificación
2. Autorregulación y autocontrol
3. Evaluación

Ser estudiante estratégico implica regular intencionalmente sus recursos cognitivos encaminados a aumentar la capacidad de autorregulación de su conducta de aprendizaje.

Las primeras experiencias de aplicación continua, recogidas en Calleja (2008), han demostrado que el uso continuado (una vez al mes) permite al estudiante el entrenamiento en autorregulación intencional de la conducta, lo cual se manifiesta en mejores cotas de autoeficacia y mayores cotas en competencia, ya que dinamiza y activa entre otros los siguientes procesos:

### Proceso atencional

Entendido como la capacidad cognitiva que nos permite controlar y dirigir la actividad mental y conductual. Gracias a ella se pueden repartir los recursos mentales entre diversas tareas, hecho que demuestra que el proceso de la atención no es algo aislado, sino que actúa en interacción con otros procesos, entre ellos, el pensamiento y la resolución de problemas, memoria operativa o memoria de trabajo, motivación, emoción y aprendizaje.

### Proceso afectivo-motivacional

Interpretado como el proceso dinámico que se interesa por conocer cuáles son las causas del comportamiento y relacionado con las necesidades, metas y deseos que activan la acción del sujeto.

La motivación es el proceso dinámico y energizante que dirige la conducta hacia la consecución de metas.

### Proceso de pensamiento

Ligado a la resolución de problemas y toma de decisiones. Los estudiantes manifiestan el resultado de su autoevaluación diaria en sucesivos autoinformes donde se refleja el contenido de los esquemas que tienen en su pensamiento sobre cómo van organizando la nueva información, lo que piensa sobre sus acciones y las de las personas significativas de su entorno.

Los esquemas almacenados son estructuras cognitivas básicas, patrones organizados por cada persona que esta utiliza tanto para pensar como para actuar. Al estudiante le permiten relacionar su pensamiento con la conducta personal de aprendizaje.

El papel de los esquemas es central, pues a partir de ellos se elaboran las expectativas que guían la selección de la conducta en los sucesivos planes y metas.

**El sujeto, al reflexionar PENSANDO sobre su conducta de APRENDIZAJE, poco a poco va desarrollando un mapa cognitivo de su situación, tanto interna como externa, que le sirve de orientación y guía al decidir la ruta que debe escoger para alcanzar las metas propuestas.**

En definitiva, la herramienta Aprender Pensando es un instrumento de autoevaluación reflexiva que se encarga de activar el funcionamiento del ejecutivo central de la memoria de trabajo para aplicarlo a la resolución de problemas relacionados con el aprendizaje autorregulado.

Este procedimiento permite al estudiante reflexionar para tomar conciencia y describir su experiencia personal sobre cómo aprende y cómo puede mejorar su aprendizaje.

Cada uno de los modelos de la herramienta supone para los estudiantes del nivel correspondiente un entrenamiento en la adquisición de estrategias generales de aprendizaje, metacognitivas y afectivas, en relación con tres aspectos del pensamiento:

- Evaluación de la persona, de la tarea y de la estrategia.
- Planificación de la tarea en el tiempo.
- Autorregulación, entendida como la capacidad del sujeto para seguir con esfuerzo el plan trazado y comprobar su eficacia.

**APRENDER PENSANDO**
ESTUDIANTE ESTRATÉGICO QUE APRENDE
A AUTORREGULAR

**ESTUDIANTE ESTRATÉGICO**
Construye el modelo mental correcto
de la tarea diaria

1. APRENDE A GESTIONAR EL PROPIO APRENDIZAJE

2. ORGANIZA SU ACTIVIDAD

3. ENTRENAMIENTO EN CONTROL EJECUTIVO
   - Permite establecer la cantidad de esfuerzo flexible, voluntario y consciente que demanda cada tarea.
   - Fortalece los procesos atencionales controlados.
   - Es una garantía para el éxito escolar.

4. AUTORREGULA LA TAREA O ACTIVIDAD: PLANES Y METAS
   - Planifica la tarea. Metas diarias, asequibles y posibles.
   - Elabora procedimientos estratégicos adecuados a la materia.
     1. Comprender
     2. Memorizar
     3. Aplicar > ejercicios

**Cada modelo de la herramienta invita a los estudiantes a procesar la información presentada. PENSANDO, analizan cómo aprender a emprender el cambio a la vez que deciden los procedimientos necesarios para lograr el objetivo de aumentar el rendimiento y la satisfacción personal.**

Los distintos modelos presentan al estudiante una oportunidad para reflexionar sobre su propia experiencia en la medida que, como sujeto agente, decide el curso de sus actos y propósitos, en interacción con el contexto mediador, centrándose en las siguientes actividades:

- Pensar cómo integrar la información presentada con su experiencia haciéndola más significativa a partir de la reconstrucción mental de dicha información.
- Utilizar estrategias metacognitivas referidas al conocimiento y control de las actividades del pensamiento y del aprendizaje de dos formas:
  1. Detectando los recursos que cada uno necesita a la hora de estudiar para obtener resultados óptimos en su aprendizaje.
  2. Diseñando personalmente el control ejecutivo que, a través de la planificación, orienta la conducta dirigida hacia la consecución de las metas. A la solución del problema se llegará por medio del autocontrol y autorregula-

ción de la conducta. En los procedimientos se diferencian dos fases. En la primera, el estudiante se representa el problema y, en la segunda, establece las relaciones entre la meta y los medios para conseguir solucionarlo.

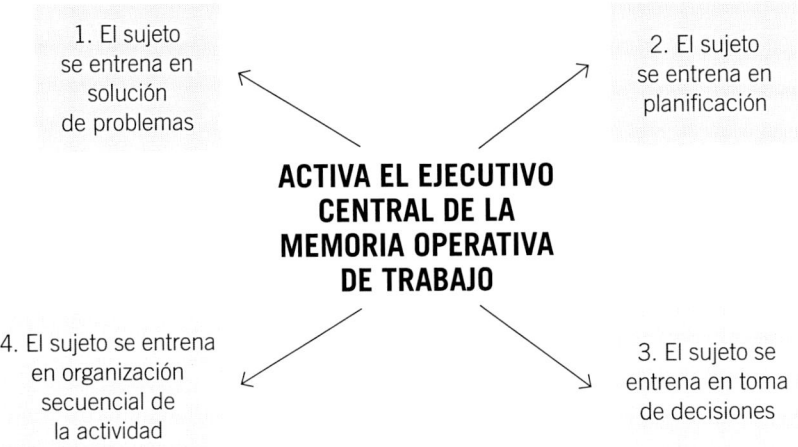

1. El sujeto se entrena en solución de problemas

2. El sujeto se entrena en planificación

**ACTIVA EL EJECUTIVO CENTRAL DE LA MEMORIA OPERATIVA DE TRABAJO**

4. El sujeto se entrena en organización secuencial de la actividad

3. El sujeto se entrena en toma de decisiones

- La herramienta orienta al estudiante sobre cómo mejorar su aprendizaje siguiendo un plan en cuatro momentos:
    1. Antes de estudiar: disposición o preparación mental frente a la tarea, es decir, planificación de la tarea.
    2. Durante el estudio: conocer la experiencia interna de aprender, es decir, control de distracciones.
    3. Al terminar de estudiar: autoevalúa los planes y las metas propuestas, los logros conseguidos y el estado emocional en el que se encuentra.
    4. Después de la autoevaluación: se entrena en el empleo de halagos o reprimendas verbales como autorrefuerzos positivos o negativos, que se proporciona después de la conducta con el fin de ir mejorando su autorregulación.

Este planteamiento implica un pensamiento productivo y una conducta propositiva.

Por medio del pensamiento productivo el estudiante descubre una nueva organización conceptual del problema comprendiendo las relaciones entre los elementos que lo forman.

Por medio de la conducta propositiva, el estudiante aprende a regular intencionalmente su conducta con la definición de metas concretas. **La herramienta Aprender Pensando, por medio de sus tres modelos, permite al estudiante analizar el esfuerzo que debe invertir para conseguir el plan que previamente se ha marcado. Y, una vez conseguida la meta, le permite valorar su eficacia al comprobar la energía, el impulso y la satisfacción que ha obtenido al lograrlo.**

---

**APRENDER PENSANDO**

EL USO DE ESTA HERRAMIENTA IMPULSA AL ESTUDIANTE A ACTUAR COMO
SUJETO ACTIVO QUE PIENSA CÓMO PUEDE MEJORAR SU APRENDIZAJE

↓

---

**APRENDER PENSANDO**

PORQUE **QUIERO** APRENDER

---

↓

1. DEFINIR EL PROBLEMA
   - ¿De dónde parto?
   - ¿Qué voy a hacer hoy?
2. PLANIFICAR Y ORGANIZAR
   - ¿Por dónde empiezo?
   - ¿Por dónde sigo?
3. IDENTIFICAR PROCEDIMIENTOS
   - ¿Cómo debo hacer cada tarea?
   - Estructura pertinente de cada tarea
4. REFLEXIONAR: cuando se termina, evaluar
   - Esfuerzo invertido
   - ¿Qué se ha conseguido?
   - ¿Cómo se encuentra?

La estructura de la **herramienta Aprender Pensando** es el resultado de aplicar la **teoría de las variables personales** al dominio concreto del aprendizaje académico.

## 3.2. TEORÍA DE LAS VARIABLES PERSONALES APLICADA AL APRENDIZAJE ACADÉMICO

En esta teoría la conducta se explica por una continua interacción entre las variables personales y las situacionales. Al resultado de dicha interacción se denomina «ambiente psicológico», lo que explica, en parte, el carácter activo del sujeto.

El sistema funciona en conjunto como una única red de interconexiones organizadas entre cogniciones y afecto, no como fuerzas o variables separadas e independientes. Por ello la conducta se interpreta como un modelo que relaciona entre sí todos los componentes de una organización psicológicamente significativa de relaciones cognitivas y afectivas (Mischel, 1968 y 1977).

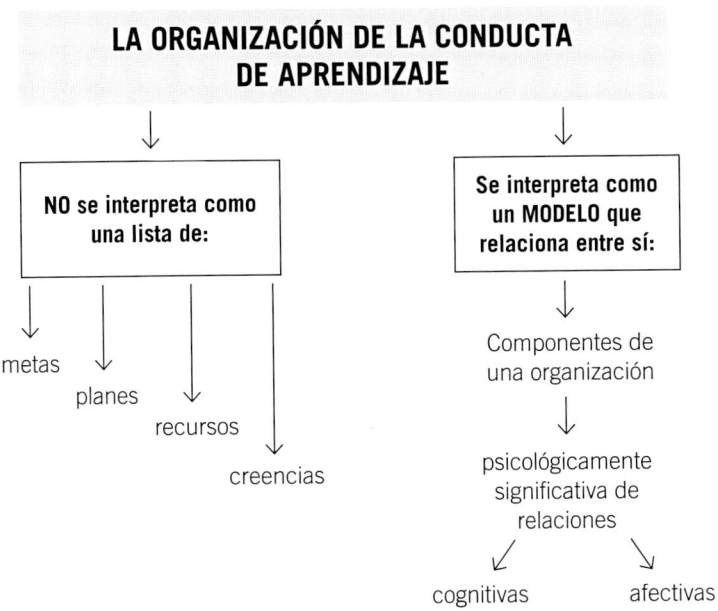

La herramienta hace referencia a la relación mutua y recíproca en una doble direccionalidad entre los tres elementos de la ecuación conductual:

- La persona: estudiante
- La conducta: aprendizaje
- La situación: familiar y escolar

Se trata pues de un análisis funcional de la situación centrado en el sujeto, donde la persona no está gobernada por fuerzas internas ni controlada por estímulos externos.

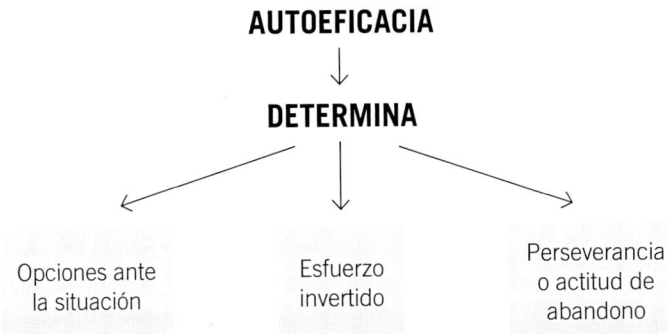

Mischel (1981 y 1996) insiste en la idea de que la conducta no depende solo de las características personales y, por ello, propone analizar con rigor las implicaciones contextuales de dicha conducta, que nos ayudarán tanto a entenderla correctamente como a conceptualizar al sujeto.

Así mismo, resalta la importancia de los autoinformes que, como predictores del comportamiento, son fuentes de información que nos permiten conocer cómo elaboran, categorizan y almacenan sus representaciones mentales en esquemas que el estudiante va confeccionando sobre sí mismo, sus experiencias y sus expectativas. En definitiva, los autoinformes permiten analizar el significado de los puntos de vista del sujeto sobre lo que piensa, sabe, valora o cree acerca de sí mismo, de su conducta y de las otras personas significativas.

A partir de los resultados de la autoevaluación de su APRENDIZAJE, el estudiante, PENSANDO, reflexiona, analiza, organiza y planifica la tarea diaria. Los autoinformes le permiten describir cómo día tras día va urdiendo esa trama que envuelve su dinámica interna que, como estudiante estratégico, logra PENSANDO.

Todo ello justifica la extraordinaria importancia de los autoinformes como recurso metodológico a lo largo del proceso de entrenamiento en la adquisición de estrategias generales de aprendizaje.

## VARIABLES PERSONALES
Mischel (1976,1996)

**Potencialidad de conducta**

↓

1. COMPETENCIA

2. CODIFICACIÓN-CATEGORIZACIÓN

**Ejecución de conducta**

↓

3. EXPECTATIVAS

4. VALORACIÓN SUBJETIVA DE LA SITUACIÓN

5. AUTORREGULADORES Y PLANES

Al aplicar la teoría de las variables personales al dominio concreto del aprendizaje, dichas variables reflejan, por una parte, el modo activo con el que el estudiante se enfrenta a la situación en la que desarrolla su tarea diaria y, por otra, la posibilidad de generar patrones complejos de conducta.

Las variables personales, en este caso, son el producto de la historia de aprendizaje del estudiante, donde las experiencias anteriores influyen y median en las nuevas expectativas:

1. COMPETENCIA. La evaluación inicial es el punto de partida que permite al estudiante conocer las características de su personal proceso de aprendizaje tomando conciencia de lo que cree que debe cambiar y de lo que se siente

capaz de lograr, es decir, su competencia. Esta variable se refiere a la capacidad que tienen las personas para utilizar activamente la nueva información y a partir de ella ir creando nuevas ideas y planificando nuevas conductas. En definitiva, se refiere a la capacidad del estudiante para generar estrategias cognitivas y conductuales de cambio a partir de la nueva información, capaz de generar una nueva situación. La competencia se define como el grado de confianza que tiene el estudiante en su propia capacidad, lo que cree que puede hacer a partir de lo que conoce.

2. CODIFICACIÓN-CATEGORIZACIÓN. Es el resultado de evaluar y clasificar en diferentes categorías los estímulos del ambiente y de la situación personal más próxima. A través de estas transformaciones cognitivas, el estudiante categoriza los distintos fenómenos, incluyéndose a él mismo y a su conducta. A partir de estas creencias intrapersonales, analiza y modifica, según su impacto, la importancia que para él tiene la estimulación recibida del ambiente. Estos filtros adaptativos le permiten afrontar las distintas situaciones con ciertas posibilidades de éxito. El sujeto agrupa los hechos en categorías o representaciones mentales y esquemas activamente organizados en unidades significativas. Estos esquemas actúan en el pensamiento como normas de referencia significativas en función de las cuales cada persona se interpreta a sí misma, así como su conducta y la situación que le rodea.

3. EXPECTATIVAS. Con el entrenamiento en organización secuencial de la conducta, planificando la tarea y programando sucesivas metas, pequeñas y posibles, el estudiante va poco a poco estableciendo asociaciones, por un lado, entre los planes y los resultados conseguidos y, por otro, entre la estimulación recibida y los resultados obtenidos anteriormente. A partir de estas asociaciones, se desarrollan las expectativas, que influyen en las creencias del sujeto respecto a lo que espera conseguir en el futuro, al tiempo que le sirven de guía en la selección de la siguientes metas. Por medio de ellas, el estudiante pasa de una conducta posible a una concreta en la situación específica del aprendizaje de cada día.

4. VALORACIÓN SUBJETIVA DE LA SITUACIÓN. La experiencia previa del sujeto influye en la valoración que da a determinados estímulos como refuerzos externos y en la que da a las consecuencias de su conducta como refuerzo interno. Ambos estímulos inducen estados emocionales positivos o negativos que, a su vez, influyen sobre el sujeto a la hora de elegir conductas alternativas. Por un lado, la situación interna hace referencia al entrenamiento en los procesos atencionales controlados que motivan al estudiante a trabajar concentrando su atención en la materia que tiene que aprender y exigiéndole un gran esfuerzo para controlar las abundantes distracciones. Por otro lado, la situación externa se refiere al poder que posee el estímulo principal para

cada persona en cada momento concreto. Este estímulo varía de unos sujetos a otros, pero siempre está en relación con los intereses, valores o preferencias de cada estudiante en cada momento concreto. De ahí la influencia sobre el sujeto a la hora de elegir conductas alternativas.

5. AUTORREGULADORES Y PLANES. El uso de la herramienta, por medio de la autorregulación, permite al estudiante acortar la distancia entre el punto de partida y la meta. Con los autorreguladores y planes, el estudiante va elaborando metas que guían intencionalmente su conducta. De esta forma, poco a poco, va aprendiendo a dirigirse a sí mismo. Pensando, autoevalúa, reflexiona, analiza, evalúa y, tras sucesivas tomas de decisiones, va entrenándose en autorregular los distintos planes y metas con el fin de mejorar su aprendizaje optimizando su rendimiento. En esta dinámica que constituye el lenguaje interior del pensamiento es importante aprender a incluir las autoafirmaciones como piezas que se encargan de reforzar la conducta.

**Cada uno de los tres modelos de la herramienta Aprender Pensando, como instrumento de autoevaluación continua, moviliza los esquemas previos que el estudiante tiene almacenados en su memoria, le orienta y guía sobre cómo mejorar su aprendizaje por medio del entrenamiento en la adquisición de estrategias generales de aprendizaje.**

El uso continuado de los respectivos modelos supone para el estudiante de cada nivel un entrenamiento en la adquisición de estrategias generales de aprendizaje.

## 3.3. MODELOS DE LA HERRAMIENTA APRENDER PENSANDO

### 3.3.1. MODELO 1: PARA 5.º Y 6.º DE PRIMARIA

Fecha:

## MODELO 1 de la HERRAMIENTA APRENDER PENSANDO
## Para 5.º y 6.º de Primaria

Datos del estudiante:

| Apellidos y nombre | Sexo 1. Hombre 2. Mujer | Edad | Curso | Centro |
|---|---|---|---|---|
| | | | | |

### INSTRUCCIONES

A continuación, te presentamos la **herramienta Aprender Pensando**, que tiene por objeto iden-tificar cinco variables:

1. Competencia
2. Codificación y categorización
3. Expectativas
4. Valoración subjetiva de la situación interna y externa
5. Autorreguladores y planes

Todas estas variables están relacionadas con tu forma de estudiar. En su conjunto, constituyen una estrategia general de aprendizaje y giran en torno a cómo actúas en cada uno de estos tres momentos:

· Antes de estudiar: planificar.
· Mientras aprendes: controlar distracciones.
· Después de estudiar: revisar resultados y actitudes.

Hemos recogido una serie de pensamientos y valoraciones de otros estudiantes y que tú pue-des haber pensado y sentido con más o menos frecuencia o intensidad, lo cual hace que te satisfaga en mayor o menor medida todo lo relacionado con tu forma de aprender y con la forma en que actúan contigo tanto tu familia como tus profesores y compañeros.

Para ello, se han establecido cuatro grados posibles de frecuencia: nunca (1), a veces (2), casi siempre (3) y siempre (4).

Para contestar, lee la frase y, a continuación, rodea el número que mejor se ajusta a tu forma de pensar y actuar.

### Ejemplo:

*En este ejemplo el estudiante cree poder controlar sus distracciones BASTANTES VECES.*

| | Nunca | A veces | Casi siempre | Siempre |
|---|---|---|---|---|
| 1. Puedo controlar las distracciones… | 1 | 2 | ③ | 4 |

*Si te equivocas, cruza la respuesta incorrecta y redondea la que consideres.*

| | Nunca | A veces | Casi siempre | Siempre |
|---|---|---|---|---|
| 1. Puedo controlar las distracciones… | 1 | 2 | ③ | ④̸ |

Esta herramienta no tiene límite de tiempo para su contestación, pero es necesario que respondas a todas las preguntas. Lo importante es que el resultado refleje lo mejor posible tu manera de pensar y actuar en todo lo relacionado con tu conducta de estudio-aprendizaje.

**Fecha:**

## 1.º: COMPETENCIA

Grado de convicción que tiene el sujeto en su propia capacidad. Lo que cree que puede hacer a partir de lo que conoce.

| | Nunca | A veces | Casi siempre | Siempre |
|---|---|---|---|---|
| 1. Cuando tengo que estudiar, controlo las distracciones y me esfuerzo hasta terminar la tarea. | | | | |
| 2. Cuando mis padres valoran mi esfuerzo, aumenta mi interés por el estudio. | | | | |
| 3. Mis padres comprenden mis problemas. | | | | |
| 4. Tengo ganas de superarme cada día. | | | | |
| 5. Cuando estudio y hago los deberes en mi casa, hay silencio. | | | | |
| 6. Mientras estudio me digo esto o palabras parecidas: «Tienes que seguir estudiando, no te distraigas, esfuérzate, venga, ¡vamos!». | | | | |
| 7. En el estudio puedo conseguir lo que me propongo. | | | | |
| 8. Mis padres piensan de mí que llegaré alto. | | | | |

## 2.º: CODIFICACIÓN Y CATEGORIZACIÓN

Marcos de referencia significativos en función de los cuales el sujeto se interpreta a sí mismo, así como su conducta y la situación que le rodea.

| | Nunca | A veces | Casi siempre | Siempre |
|---|---|---|---|---|
| 1. Mis profesores me ayudan a comprender los fallos de los exámenes. | | | | |
| 2. Mis profesores valoran cuando atiendo y participo en clase. | | | | |
| 3. Mis padres me apoyan, me ayudan, me animan y razonan conmigo. | | | | |
| 4. Mis padres se interesan por mis tareas del colegio. | | | | |
| 5. En clase atiendo y no hablo con los compañeros. | | | | |
| 6. Mi esfuerzo y mi constancia en el estudio son valorados por mis padres. | | | | |
| 7. Mis profesores me felicitan cuando hago las cosas bien. | | | | |
| 8. Pregunto al profesor lo que no entiendo en clase. | | | | |

**Fecha:**

## 3.º: EXPECTATIVAS

Se desarrollan a partir de la asociación entre las consecuencias de los estímulos y las conductas anteriores. Guían la conducta e influyen en lo que el sujeto espera conseguir en el futuro.

| | Nunca | A veces | Casi siempre | Siempre |
|---|---|---|---|---|
| 1. Cuando atiendo en clase me siento a gusto conmigo mismo. | | | | |
| 2. Estudio primero la lección y luego hago las actividades. | | | | |
| 3. Estoy contento porque mis notas son buenas. | | | | |
| 4. Mis padres valoran mi esfuerzo. | | | | |
| 5. Me siento satisfecho porque estudio y hago los deberes todos los días. | | | | |
| 6. Atiendo en clase y no me distraigo. | | | | |
| 7. Las explicaciones de los profesores me ayudan. | | | | |
| 8. Cuando me esfuerzo estudiando, saco buenas notas. | | | | |

## 4.º: VALORACIÓN SUBJETIVA DE LA SITUACIÓN

Valor que el sujeto da a la estimulación en función de su experiencia previa. El valor del estímulo varía según las personas.

| | Nunca | A veces | Casi siempre | Siempre |
|---|---|---|---|---|
| 1. Soy buen estudiante y me esfuerzo hasta que termino lo que tengo que hacer. | | | | |
| 2. Necesito trabajar y esforzarme más para conseguir las notas que deseo. | | | | |
| 3. Me esfuerzo cada día para cumplir las metas que me propongo. | | | | |
| 4. Cuando termino de estudiar, me sobra tiempo para hacer otras cosas: jugar con la consola, ver la tele… | | | | |
| 5. Cuando atiendo en clase, me interesa más la asignatura. | | | | |
| 6. Mis padres están contentos con mis notas. | | | | |
| 7. Mis padres me dicen: «Eres ordenado y responsable». | | | | |
| 8. Mis profesores me dicen: «Eres trabajador». | | | | |

## 5.º: AUTORREGULACIONES Y PLANES

El sujeto controla, dirige y regula intencionalmente su conducta en la dirección de los sucesivos planes y metas.

|  | Nunca | A veces | Casi siempre | Siempre |
|---|---|---|---|---|
| 1. Cuando me distraigo, me digo: «Deja de pensar en tonterías y ponte a estudiar». |  |  |  |  |
| 2. Cuando estoy estudiando y pienso en otras cosas que tengo que hacer, me digo: «Primero estudio y luego hago lo que tengo pendiente». |  |  |  |  |
| 3. Me esfuerzo más en las clases que no me gustan. |  |  |  |  |
| 4. Cuando explican los profesores, copio lo que escriben en la pizarra. |  |  |  |  |
| 5. Cuando no entiendo alguna palabra, la miro en el diccionario. |  |  |  |  |
| 6. Cuando estoy estudiando y me distraigo pensando en jugar a la consola, escuchar música o echarme en el sofá y ver la tele, me digo: «Si me doy prisa estudiando, luego tendré tiempo para hacer todo eso». |  |  |  |  |
| 7. Cuando estoy viendo la tele o jugando y pienso que aún no he estudiado, aunque me cueste, me pongo a estudiar. |  |  |  |  |
| 8. Cuando estoy estudiando y me distraigo, me digo: «Vamos, haz el resumen, lee, termina la cuenta, no dejes los deberes para otro rato». |  |  |  |  |

## 3.3.2. MODELO 2: NIVEL DE SECUNDARIA-BACHILLERATO

**Fecha:**

### MODELO 2 de la HERRAMIENTA APRENDER PENSANDO
### Nivel Secundaria-Bachillerato

Datos del estudiante:

| Apellidos y nombre | Sexo 1. Hombre 2. Mujer | Edad | Curso | Centro |
|---|---|---|---|---|
| | | | | |

### INSTRUCCIONES

A continuación, te presentamos la **herramienta Aprender Pensando** que tiene por objeto identificar cinco variables:

     1. Competencia
     2. Codificación y categorización
     3. Expectativas
     4. Valoración subjetiva de la situación interna y externa
     5. Autorreguladores y planes

Todas estas variables están relacionadas con tu forma de estudiar. En su conjunto constituyen una estrategia general de aprendizaje y giran en torno a cómo actúas en cada uno de estos tres momentos:

    · Antes de estudiar: planificar.
    · Mientras aprendes: controlar distracciones.
    · Después de estudiar: revisar resultados y actitudes.

Hemos recogido una serie de pensamientos y valoraciones de otros estudiantes y que tú puedes haber pensado y sentido con más o menos frecuencia o intensidad, lo cual hace que te satisfaga en mayor o menor medida todo lo relacionado con tu forma de aprender y con la forma de actuar contigo tanto de tu familia como de tus profesores y compañeros.

Para ello, se han establecido cuatro grados posibles de frecuencia: nunca (1), a veces (2), casi siempre (3) y siempre (4).

Para contestar, lee la frase y, a continuación, rodea el número que mejor se ajusta a tu forma de pensar y actuar.

**Ejemplo:**

*En este ejemplo el estudiante cree poder controlar sus distracciones BASTANTES VECES.*

| | Nunca | A veces | Casi siempre | Siempre |
|---|---|---|---|---|
| 1. Puedo controlar las distracciones… | 1 | 2 | (3) | 4 |

*Si te equivocas, cruza la respuesta incorrecta y redondea la que consideres.*

| | Nunca | A veces | Casi siempre | Siempre |
|---|---|---|---|---|
| 1. Puedo controlar las distracciones… | 1 | 2 | (3) | (4̸) |

Esta herramienta no tiene límite de tiempo para su contestación, pero es necesario que respondas a todas las preguntas. Lo importante es que el resultado refleje lo mejor posible tu manera de pensar y actuar en todo lo relacionado con tu conducta de estudio-aprendizaje.

**Fecha:**

# 1.º: COMPETENCIA

Grado de convicción que tiene el sujeto en su propia capacidad. Lo que cree que puede hacer a partir de lo que conoce.

| | Nunca | A veces | Casi siempre | Siempre |
|---|---|---|---|---|
| 1. Me siento satisfecho porque generalmente cumplo lo que me propongo. | | | | |
| 2. Mi rendimiento y atención son buenos, estoy contento. | | | | |
| 3. Mis profesores, en general, piensan que tendré éxito. | | | | |
| 4. Cuando estoy estudiando y me vienen a la cabeza otras ideas, me digo esto o palabras parecidas: «Cuando acabe, pensaré en ello». | | | | |
| 5. Mis profesores valoran mi esfuerzo. | | | | |
| 6. Intento que el ruido de la calle no me distraiga. | | | | |

## 2.º: CODIFICACIÓN Y CATEGORIZACIÓN

Marcos de referencia significativos en función de los cuales el sujeto se interpreta a sí mismo, así como su conducta y la situación que le rodea.

| | Nunca | A veces | Casi siempre | Siempre |
|---|---|---|---|---|
| 1. Me siento más satisfecho si cumplo un horario de estudio. | | | | |
| 2. Atiendo porque me resulta más fácil comprender los contenidos. | | | | |
| 3. Las explicaciones de los profesores, generalmente, me ayudan. | | | | |
| 4. Cuando atiendo en clase, me siento a gusto conmigo mismo. | | | | |
| 5. Mi esfuerzo y concentración en el estudio son valorados por mis padres. | | | | |
| 6. Mis padres tienen una actitud comprensiva ante los resultados académicos. | | | | |

**Fecha:**

## 3.º: EXPECTATIVAS

Se desarrollan a partir de la asociación entre las consecuencias de los estímulos y las conductas anteriores. Guían la conducta e influyen en lo que el sujeto espera conseguir en el futuro.

| | Nunca | A veces | Casi siempre | Siempre |
|---|---|---|---|---|
| 1. Suelo ser buen estudiante, me esfuerzo hasta que lo consigo. | | | | |
| 2. El ambiente de mi casa favorece mi estudio. | | | | |
| 3. Me encuentro bien porque procuro estudiar todos los días. | | | | |
| 4. Mis padres me apoyan, me animan, me ayudan y razonan conmigo. | | | | |
| 5. Mis padres muestran interés por mis tareas académicas. | | | | |
| 6. Necesito trabajar más para obtener los resultados que deseo. | | | | |

## 4.º: VALORACIÓN SUBJETIVA DE LA SITUACIÓN

Valor que el sujeto da a la estimulación en función de su experiencia previa. El valor del estímulo varía según las personas.

| | Nunca | A veces | Casi siempre | Siempre |
|---|---|---|---|---|
| 1. Mis profesores valoran mi atención y participación en clase. | | | | |
| 2. Mis padres comprenden, en general, mis problemas. | | | | |
| 3. Mis padres piensan de mí que llegaré alto. | | | | |
| 4. Si atiendo, puedo preguntar aquello que no entiendo o que me resulta más difícil. | | | | |
| 5. Si atiendo, me cuesta menos aprender el tema. | | | | |
| 6. Frecuentemente me digo esto o frases semejantes: «Deja de pensar en tonterías y ponte a estudiar». | | | | |

**Fecha:**

## 5.º: AUTORREGULACIONES Y PLANES

El sujeto controla, dirige y regula intencionalmente su conducta en la dirección de los sucesivos planes y metas.

|  | Nunca | A veces | Casi siempre | Siempre |
|---|---|---|---|---|
| 1. Procuro concentrarme en el estudio aunque tenga algún problema personal o familiar. | | | | |
| 2. Si mis padres valoran mi esfuerzo, aumenta mi interés por el estudio. | | | | |
| 3. Me esfuerzo más en las clases que no me gustan. | | | | |
| 4. Los profesores me hacen ver los fallos de los exámenes cuando los tengo. | | | | |
| 5. Tengo ganas de superarme cada día. | | | | |
| 6. Cuando atiendo, aumenta mi interés por la materia. | | | | |

## 3.3.3. MODELO 3: NIVEL UNIVERSITARIO

Fecha:

### MODELO 3 de la HERRAMIENTA APRENDER PENSANDO
### Nivel universitario

Datos del estudiante:

| Apellidos y nombre | Sexo 1. Hombre 2. Mujer | Edad | Curso | Centro |
|---|---|---|---|---|
| | | | | |

### INSTRUCCIONES

A continuación, te presentamos la **herramienta Aprender Pensando** que tiene por objeto identificar cinco variables:

1. Competencia
2. Codificación y categorización
3. Expectativas
4. Valoración subjetiva de la situación interna y externa
5. Autorreguladores y planes

Todas estas variables están relacionadas con tu forma de estudiar. En su conjunto constituyen una estrategia general de aprendizaje y giran en torno a cómo actúas en cada uno de estos tres momentos:

· Antes de estudiar: planificar.
· Mientras aprendes: controlar distracciones.
· Después de estudiar: revisar resultados y actitudes.

Hemos recogido una serie de pensamientos y valoraciones de otros estudiantes y que tú puedes haber pensado y sentido con más o menos frecuencia o intensidad, lo cual hace que te satisfaga en mayor o menor medida todo lo relacionado con tu forma de aprender y con la forma de actuar contigo tanto de tu familia como de tus profesores y compañeros.

Para ello, se han establecido cuatro grados posibles de frecuencia: nunca (1), a veces (2), casi siempre (3) y siempre (4).

Para contestar, lee la frase y, a continuación, rodea el número que mejor se ajusta a tu forma de pensar y actuar.

### Ejemplo:

*En este ejemplo el estudiante cree poder controlar sus distracciones BASTANTES VECES.*

| | Nunca | A veces | Casi siempre | Siempre |
|---|---|---|---|---|
| 1. Puedo controlar las distracciones… | 1 | 2 | ③ | 4 |

*Si te equivocas, cruza la respuesta incorrecta y redondea la que consideres.*

| | Nunca | A veces | Casi siempre | Siempre |
|---|---|---|---|---|
| 1. Puedo controlar las distracciones… | 1 | 2 | ③ | ④ |

Esta herramienta no tiene límite de tiempo para su contestación, pero es necesario que respondas a todas las preguntas. Lo importante es que el resultado refleje lo mejor posible tu manera de pensar y actuar en todo lo relacionado con tu conducta de estudio-aprendizaje.

**Fecha:**

## 1.º: COMPETENCIA

Grado de convicción que tiene el sujeto en su propia capacidad. Lo que cree que puede hacer a partir de lo que conoce.

| | Nunca | A veces | Casi siempre | Siempre |
|---|---|---|---|---|
| 1. Soy bastante ordenado con mis apuntes, de esta forma, cuando tengo un examen, no pierdo el tiempo organizándolos o completándolos. | | | | |
| 2. Planifico los exámenes con tiempo suficiente. | | | | |
| 3. Siguiendo esta estrategia de aprendizaje, este me ha resultado más fácil y exitoso. | | | | |
| 4. He sido capaz de establecer períodos adecuados de trabajo y descanso, así como darme refuerzos ante los grandes esfuerzos. | | | | |
| 5. Estudio de forma sistemática los fines de semana aquello que me parece más relevante o difícil de asimilar. | | | | |
| 6. Las autoafirmaciones negativas que me surgen al verme con todo atrasado las sustituyo por otras de superación a medida que voy cumpliendo aquello que me propongo. | | | | |
| 7. Mantengo el nivel de motivación en el trabajo. | | | | |

## 2.º: CODIFICACIÓN Y CATEGORIZACIÓN

Marcos de referencia significativos en función de los cuales el sujeto se interpreta a sí mismo, así como su conducta y la situación que le rodea.

| | Nunca | A veces | Casi siempre | Siempre |
|---|---|---|---|---|
| 1. Es para mí muy importante contar con el apoyo de los compañeros para no desistir en el intento de autocontrol. | | | | |
| 2. Me siento muy apoyado por las personas que viven conmigo, se preocupan por lo que hago y por cómo me va, se interesan y me preguntan. | | | | |
| 3. Mi familia me ha ayudado con las expectativas que tienen sobre mi rendimiento. | | | | |
| 4. Los comentarios hechos en clase por el profesor y los compañeros me ayudan a valorarme más. | | | | |
| 5. Tanto mis expectativas como las de la gente que me rodea inciden, de un modo significativo, en mi autoconcepto y rendimiento académico. | | | | |
| 6. Intento superar día a día mis propios complejos y miedos. | | | | |
| 7. Los refuerzos que recibo de mis compañeros y amigos son para mí una motivación. | | | | |

**Fecha:**

## 3.º: EXPECTATIVAS

Se desarrollan a partir de la asociación entre las consecuencias de los estímulos y las conductas anteriores. Guían la conducta e influyen en lo que el sujeto espera conseguir en el futuro.

|  | Nunca | A veces | Casi siempre | Siempre |
|---|---|---|---|---|
| 1. Los buenos resultados académicos me refuerzan positivamente a continuar trabajando de la misma forma que lo vengo haciendo. |  |  |  |  |
| 2. Los buenos resultados en rendimiento académico influyen en mi autoconcepto y este, a su vez, como si se tratase de una cadena, en el rendimiento posterior. |  |  |  |  |
| 3. Cuando me propongo algo y lo consigo, me siento bien conmigo mismo. |  |  |  |  |
| 4. La gente de mi entorno cree en mis posibilidades, yo lo sé y esto hace que luche con más fuerza porque no quiero defraudarles. |  |  |  |  |
| 5. He comprobado que es eficaz apuntar en un papel lo que me viene a la cabeza cuando estoy estudiando. |  |  |  |  |
| 6. Cuando termino de estudiar, compruebo si he conseguido las metas propuestas. |  |  |  |  |
| 7. Doy prioridad a las necesidades y tareas más próximas. |  |  |  |  |

## 4.º: VALORACIÓN SUBJETIVA DE LA SITUACIÓN

Valor que el sujeto da a la estimulación en función de su experiencia previa. El valor del estímulo varía según las personas.

|  | Nunca | A veces | Casi siempre | Siempre |
|---|---|---|---|---|
| 1. A partir del conocimiento de mí mismo puedo poner remedio a mis limitaciones. |  |  |  |  |
| 2. Subrayar y hacer esquemas me ayuda a mantener la atención. |  |  |  |  |
| 3. Mi aprendizaje no es mecánico: leo, razono y después memorizo de forma comprensiva. |  |  |  |  |
| 4. Adapto los objetivos a corto plazo a las circunstancias contextuales de los acontecimientos diarios del curso. |  |  |  |  |
| 5. A pesar de la acumulación de trabajos, exámenes y clases, consigo mantener la tranquilidad. |  |  |  |  |
| 6. Logro todas mis metas en el tiempo estimado. |  |  |  |  |
| 7. Me relaciono con personas que se encuentran en mi misma situación para poder seguir su ritmo. |  |  |  |  |

**Fecha:**

## 5.º: AUTORREGULACIONES Y PLANES

El sujeto controla, dirige y regula intencionalmente su conducta en la dirección de los sucesivos planes y metas.

|  | Nunca | A veces | Casi siempre | Siempre |
|---|---|---|---|---|
| 1. Programo para mi estudio calendarios semanales y mensuales. |  |  |  |  |
| 2. Cada día planifico mi estudio. |  |  |  |  |
| 3. Me distribuyo equitativamente las tareas a lo largo de la semana. |  |  |  |  |
| 4. Leo, comprendo y estudio todos los días lo que he dado en clase. |  |  |  |  |
| 5. Evalúo diariamente las metas que me he propuesto y apunto en un cuaderno cómo me encuentro cuando las he conseguido y las razones por las que no he logrado conseguir otras. |  |  |  |  |
| 6. Escribir una planificación me empuja a ponerme a estudiar y reflexionar más profundamente sobre ello. |  |  |  |  |
| 7. Con la planificación he aprendido a controlarme. |  |  |  |  |

La **herramienta Aprender Pensando** supone un entrenamiento en el que el estudiante realiza las siguientes tareas:

1. Representar el problema: ¿en qué puede mejorar mi forma de aprender?
2. Establecer las relaciones necesarias entre las metas que desea conseguir y los medios que debe utilizar.
3. Regular intencionalmente su conducta invirtiendo el esfuerzo necesario para conseguir las metas propuestas.

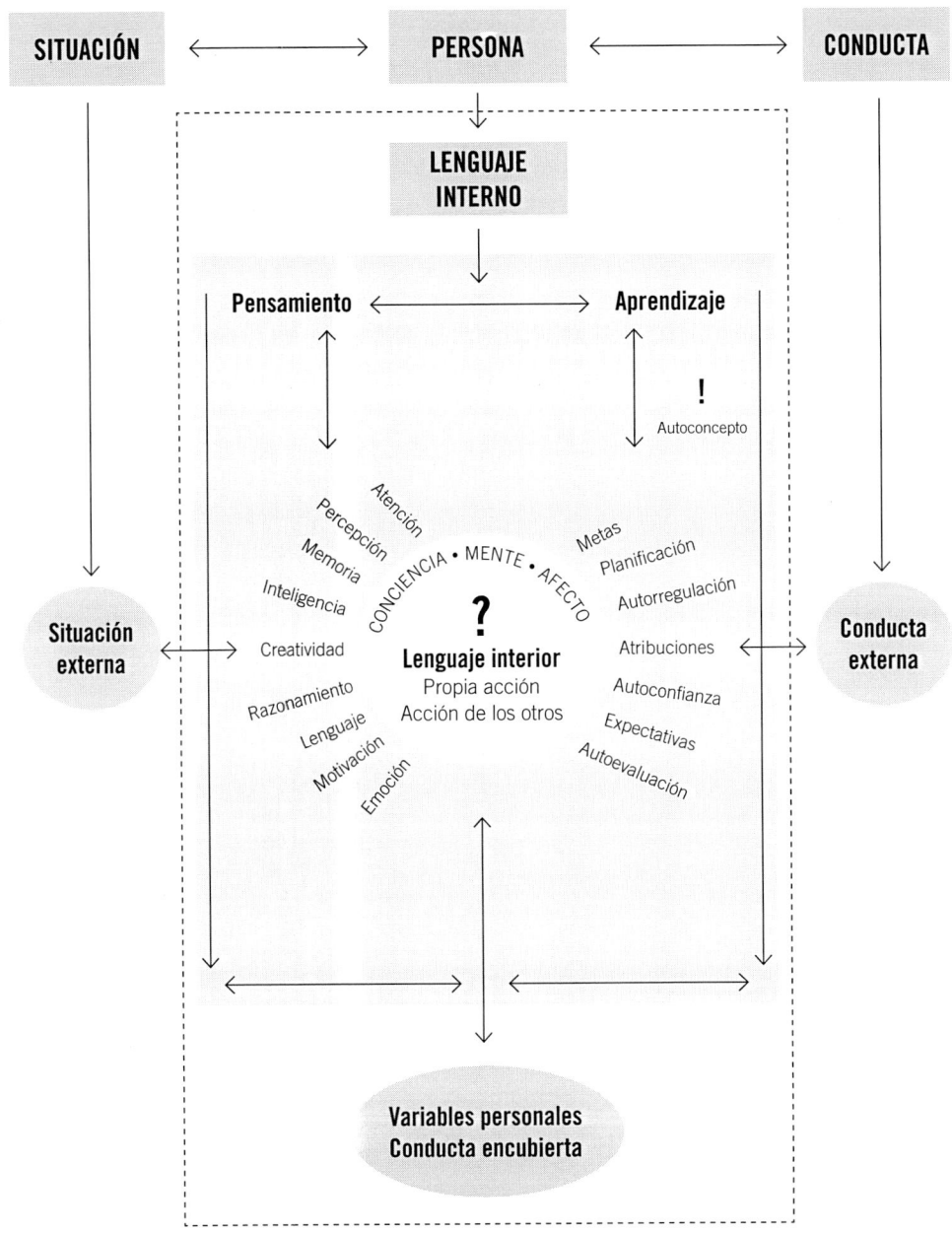

### 3.3.4. OBJETIVOS

Con el uso de la **herramienta Aprender Pensando** se pretende que el alumnado de 5.º y 6.º de Primaria, Secundaria-Bachillerato y Universidad tenga la oportunidad de conseguir los siguientes objetivos:

1. Poner el pensamiento en acción y, PENSANDO, someter a juicio su APRENDIZAJE:
   - Autoevaluar lo que se pueden mejorar.
   - Analizar los puntos fuertes y débiles.
2. Planificar y autorregular intencionalmente la conducta:
   - Programar metas pequeñas, concretas, reales y posibles de conseguir que, por pequeñas que sean, una vez conseguidas, siempre aumentarán el impulso y la energía para la acción.
   - Actuar sobre las características del motivo de logro.
3. Entrenarse en sucesivas autoevaluaciones:
   - Sobre la propia conducta (aprendizaje).
   - Sobre la consecución o no de los sucesivos planes y metas.
   - Sobre su estado emocional tras la consecución o no de dichas metas.
4. Evaluar las causas de su rendimiento reflexionando sobre el esfuerzo invertido y valorando en qué medida las causas o atribuciones, tanto de sus éxitos como de sus fracasos, se van acercando a los niveles interno, estable y controlable.

| CONTROL DE ATRIBUCIONES | | | | |
|---|---|---|---|---|
| | Internas | | Externas | |
| | Estable | Inestable | Estable | Inestable |
| Controlable | Esfuerzo | | | |
| Incontrolable | | | | |

### 3.4. CONCLUSIONES

1. **La herramienta Aprender Pensando** es un instrumento de autoevaluación reflexiva adaptada a los niveles de Primaria, Secundaria-Bachillerato y Universidad.
2. **La herramienta Aprender Pensando** anima a los estudiantes a reflexionar para revisar y, tal vez, reajustar los esquemas que tienen elaborados sobre:
   - Su conducta: autoevaluando la tarea sobre cómo aprenden y cómo pueden aprender, lo cual les permite definir el problema.

- Sí mismos: analizando las disposiciones que tienen, tanto para afrontar la tarea de forma eficaz como para invertir el esfuerzo necesario hasta conseguir las sucesivas metas.
- La necesidad de adquirir estrategias generales de aprendizaje, metacognitivas y afectivas. Las estrategias metacognitivas se concretan en el conocimiento y control de las actividades del pensamiento y del aprendizaje de dos formas:
  - Los estudiantes, PENSANDO, analizan cómo aplicar el control ejecutivo a su aprendizaje y lo manifiestan en la realización de sucesivos planes.
  - Los estudiantes, PENSANDO, van tomando conciencia de los recursos atencionales que necesitan activar o inhibir a la hora de aprender (COMPETENCIA).

3. **La herramienta Aprender Pensando** facilita a los estudiantes la tarea de evaluar y clasificar los estímulos y refuerzos del ambiente familiar-escolar y la situación personal, agrupándolos por categorías.

   De esta forma, **los estudiantes analizan las actitudes positivas y negativas que tienen con ellos sus padres y su profesorado para así modificar el efecto de la estimulación recibida del ambiente según su impacto (CATEGORIZACIÓN-CODIFICACIÓN).**

4. **La herramienta Aprender Pensando** justifica a los estudiantes la necesidad de planificar el aprendizaje junto a la de evaluar los logros conseguidos en dos momentos concretos.
   - Al ponerse a estudiar: revisan la disposición o preparación mental frente a la tarea que tienen delante (programación de metas y regulación intencional de la conducta).
   - Al terminar de estudiar: evalúan, por un lado, en qué medida se ha conseguido o no lo planificado y cuáles han sido las causas del rendimiento conseguido (atribuciones internas-externas, estables-inestables y controlables-incontrolables). Y, por otro lado, evalúan el estado anímico para entrenarse en el empleo de autorrefuerzos y, a diario, dejar constancia escrita de todo ello en autorregistros.

   Los resultados guían a los estudiantes en la selección de la siguiente conducta, precisamente por el poder de las asociaciones establecidas entre la conducta programada y los resultados obtenidos (EXPECTATIVAS).

5. **La herramienta Aprender Pensando** implica a los estudiantes en un reto personal por conseguir las metas que ellos mismos previamente se han marcado. Desde el primer momento se justifica la necesidad de entrenarse en los procesos atencionales controlados, lo que motiva a los estudiantes a trabajar centrando la atención en la materia que están aprendiendo.

Pero aquí puede surgir uno de los mayores problemas, nos referimos al necesario control de distracciones que los estudiantes tienen que resolver. Para conseguirlo necesitan valorar el poder que posee el estímulo principal con relación a sus intereses personales, valores y preferencias en ese momento concreto.

El uso de la herramienta facilita a los estudiantes conocer la experiencia interna de APRENDER controlando distracciones.

De esta forma, al ir PENSANDO, analizan el mapa cognitivo de su situación interna y externa y van estableciendo las rutas que deben escoger para alcanzar las metas propuestas (VALORACIÓN SUBJETIVA DE LA SITUACIÓN INTERNA Y EXTERNA).

6. **La herramienta Aprender Pensando** demuestra cómo otros estudiantes, PENSANDO, han trasladado los contenidos teóricos de los distintos procesos cognitivos y afectivo-motivacionales a conductas estratégicas que se aplican a la mejora de su aprendizaje (Calleja, 1991, 1994, 1995, 2005 y 2008).

Esta sencilla información, expresada con las frases literales de los propios estudiantes, ha demostrado ser de gran utilidad para ellos y, por consiguiente, igualmente puede serlo para otros.

Los distintos modelos de esta herramienta sirven de guía, según el nivel, a los estudiantes que quieran mejorar su rendimiento académico. Les sirve de orientación a la hora de elaborar personalmente las diversas normas, planes y metas a la vez que les va indicando cómo regular intencionalmente su actividad.

Al ir ajustando su conducta, con el fin de conseguir los resultados deseados, el estudiante va aprendiendo a dirigirse a sí mismo.

La participación activa de quien aprende se manifiesta en el entrenamiento en AUTORREGULACIÓN, entendida como la capacidad del sujeto para seguir el plan trazado y comprobar su eficacia, lo que le permite ir acortando la distancia entre el punto de partida y la meta (MECANISMOS AUTORREGULADORES Y PLANES).

## 3.5. RESUMEN

En las diversas intervenciones llevadas a cabo con los estudiantes de Primaria, Secundaria-Bachillerato y Universidad con el fin de mejorar su rendimiento académico por medio del entrenamiento en la adquisición de estrategias generales de aprendizaje, el primer paso siempre era el mismo: los estudiantes de cada nivel definían el problema contestando a la pregunta: «¿En qué puede mejorar mi aprendizaje?».

A partir de esa evaluación inicial del aprendizaje de los estudiantes de distintos niveles educativos recogido por Calleja (1991, 1994, 2005 y 2008), podemos afirmar que aparecen de forma generalizada y demasiado frecuente una serie de características que coinciden en los tres niveles educativos y que podríamos resumir en los siguientes términos:

1. El alumnado, en general, se distrae con mucha frecuencia durante el tiempo dedicado a su aprendizaje autónomo.

2. El alumnado, en general, suele hacerse planes, incluso buenos planes, pero la mayoría de las veces no los cumple. De ahí que, con demasiada frecuencia, acumulen la materia de estudio ante los exámenes.

3. En el estudio diario, los estudiantes, en general, no llevan la materia al día.

Todo esto justifica, a nuestro juicio, la necesidad de brindar a los estudiantes la oportunidad de entrenarse en la adquisición de estrategias generales de aprendizaje.

Los tres modelos de la **herramienta Aprender Pensando**, modelo 1 para 5.º y 6.º de Primaria, modelo 2 nivel de Secundaria-Bachillerato y modelo 3 nivel Universidad, han demostrado su utilidad para la consecución de tal fin.

**El uso continuado de la herramienta aporta al estudiante un entrenamiento diario en la adquisición de estrategias generales de aprendizaje.**

# CAPÍTULO 4

# GRUPO DE INNOVACIÓN DOCENTE
# ADAPTACIÓN A FORMATO ELECTRÓNICO DEL MODELO 3:
# HERRAMIENTA APRENDER PENSANDO, NIVEL UNIVERSIDAD

## 4.1. DEL GRUPO PILOTO AL GRUPO DE INNOVACIÓN DOCENTE

En las IV Jornadas de Innovación Docente de la Universidad de Valladolid (septiembre, 2008) se facilitó al profesorado asistente la publicación **Aprender Pensando: Validez de la herramienta** (Calleja, 2008).

Tras su difusión, un grupo de profesores de distintas titulaciones y centros universitarios se sintieron atraídos por la posibilidad de ofrecer al alumnado el uso de la herramienta.

Este común interés dio lugar, durante el curso académico 2008-09, a la formación de un grupo piloto al que denominamos «profesores en red», que decidió reunirse semanalmente durante el mes de octubre y que se propuso los siguientes objetivos:

1.º Analizar los objetivos y contenidos del proyecto «Aprender Pensando: adquisición de estrategias generales de aprendizaje».

2.º Relacionar los objetivos y contenidos de dicho proyecto con el planteamiento que sobre el aprendizaje del estudiante se describe en el Espacio Europeo de Educación Superior (EEES).

3.º Desarrollar una página web con la aplicación de la herramienta Aprender Pensando, nivel Universidad, adaptada a formato electrónico.

En el segundo cuatrimestre se activó la plataforma (que posteriormente se desactivó): www.5.uva.es/aprenderpensando

En ella se ofrecía al alumnado la oportunidad de participar. Se facilitaba el acceso a ella durante los últimos quince días de cada mes.

En esta primera experiencia, con el fin de promover la mejora del proceso de aprendizaje del alumnado, participaron un total de 17 profesores de diferentes titulaciones universitarias. La herramienta fue utilizada por un total de 377 estudiantes.

Posteriormente, el grupo piloto se transforma en un grupo de innovación docente (GID). Redactan el proyecto «Aprender Pensando: adquisición de estrategias de aprendizaje autorregulado y desarrollo de competencias transversales». Lo presentan y es aprobado en dos convocatorias de proyectos de innovación docente, dentro del marco del Plan Estratégico del Vicerrectorado de Docencia de la Universidad de Valladolid: Acciones de Apoyo a la Innovación Docente (GID 2010 y 2011).

### 4.1.1. OBJETIVOS

El objetivo general era integrar en la práctica docente el entrenamiento del alumnado en la adquisición de estrategias generales de aprendizaje autorregulado y desarrollo de competencias transversales mediante la adaptación multiplataforma de la herramienta Aprender Pensando, nivel universidad, como instrumento de autoevaluación que facilita la consecución de los siguientes objetivos específicos:

1. Entrenar a los estudiantes para detectar los puntos fuertes y débiles del proceso personal de aprendizaje.
2. Organizar la tarea en el tiempo.
3. Planificar metas reales, asequibles y posibles.
4. Controlar el proceso de atención en clase y en el estudio personal.
5. Entrenar al alumnado en el uso de sucesivas autoevaluaciones sobre:
   a. Autorregulación de la conducta y control de distracciones.
   b. Consecución de sucesivos planes y metas.
   c. Estado emocional siguiente a la consecución de dichas metas.

### 4.1.2. COMPETENCIAS

A. Instrumentales:
   - Capacidad e interés por el aprendizaje autónomo: organización y planificación
   - Resolución de problemas
   - Toma de decisiones
B. Personales:
   - Trabajo en equipo interdisciplinar
   - Trabajo en un contexto internacional
C. Sistémicas:
   - Aprendizaje autónomo y autorregulado
   - Adaptación a nuevas situaciones
   - Iniciativa y espíritu emprendedor
   - Motivación por la calidad

### 4.1.3. PARTICIPANTES

Durante el curso académico 2009-10, firman el proyecto 51 profesores, que ofrecen el modelo 3 de la **herramienta Aprender Pensando** al alumnado correspondiente. Se registran y la usan con continuidad 785 estudiantes a lo largo del curso.

En la nueva convocatoria del curso 2010-11 se presenta y aprueba de nuevo el mismo proyecto que el presentado el curso anterior. La única diferencia es que lo firman un total de 58 profesores, adscritos a 30 áreas de conocimiento diferentes, con docencia en 90 asignaturas de 70 titulaciones y 10 personas externas a la universidad.

Por problemas ajenos a nuestra voluntad, la plataforma se activa al comenzar el segundo cuatrimestre. De ahí que el profesorado no pudiera presentarlo a los estudiantes matriculados en asignaturas que se impartían en el primer trimestre.

Un total de 320 estudiantes se registraron y utilizaron la herramienta a lo largo del cuatrimestre.

A lo largo de tres años académicos participaron en el proyecto 1484 estudiantes de diferentes cursos y titulaciones que utilizaron la herramienta Aprender Pensando, nivel Universidad, como instrumento de autoevaluación reflexiva que les facilitó el entrenamiento en la adquisición de estrategias generales de aprendizaje autorregulado y competencias transversales.

El estudiante, PENSANDO, reflexiona sobre cómo puede mejorar su forma de APRENDER y analiza qué procedimientos de decisión estratégicos considera más convenientes practicar para lograr el objetivo de mejorar su personal proceso de APRENDIZAJE.

Esta experiencia favoreció la interrelación entre el alumnado y el profesorado.

## 4.2. ADAPTACIÓN A FORMATO ELECTRÓNICO DEL MODELO 3

Para la aplicación informática, inicialmente, se desarrolló un área estática con un módulo de acceso y registro mediante LDAP que permitía la recogida de datos de registro y control sobre las puntuaciones en la herramienta Aprender Pensando (grabación de fecha de inicio, de fin, referidor, URL e IP, etc.) y de datos de módulo para la realización de la herramienta que capturase y guardase todas las variables indicadas. También se optó por una herramienta desarrollada que se integró en el resto de la página permitiendo incluir los datos de registro y control ya indicados, entorno de trabajo colaborativo (foro para profesores y alumnos, y de interacción alumnos-profesores) y, finalmente, la integración y adaptación de los dos módulos anteriores a la imagen que había que desarrollar para esta página.

Mientras tanto, se atendían todas las peticiones de soporte remitidas tanto por profesores como por estudiantes, puesto que la administración y gestión de la herramienta se delegó en la empresa BIP Asesoría Tecnológica.

El desarrollo había sido contratado a través de esta a la empresa de base tecnológica Logiciel Software Factory, participada por el Parque Científico Universidad de Valladolid. Ambas empresas se encargaron del desarrollo y mantenimiento de la aplicación.

Posteriormente, a petición del profesorado, se incluyeron los siguientes elementos:

- Integración en el Campus Virtual UVA (Campus Virtual de la Universidad, basado en la herramienta Open Source Moodle) y cualquier Moodle de cualquier campus universitario o no universitario.
- Sistema de gestión documental para la modificación de contenidos por parte del usuario administrador de la aplicación.
- Gestión de usuarios mediante un sistema de gestión autónoma que permitía abrir la herramienta a nuevas instituciones y a público UVA fuera de LDAP.
- Gestión de asignaturas, estudiantes y seguimiento de participación de los estudiantes por parte de los profesores.
- Desarrollo de un área de administración global (administrada por la entidad encargada del mantenimiento).
- Desarrollo de un área de gestión de estudiantes.
- Desarrollo de un área de configuración y ejecución del modelo 3 de la herramienta Aprender Pensando, nivel Universidad (área privada de cada estudiante).
- Desarrollo de mejoras en los perfiles de seguridad de los foros de docentes y estudiantes.

Se entendía que, debido a la complejidad adquirida por el proyecto con la inclusión de estos requisitos, era necesario lograr cuanto antes una integración absoluta de todas las áreas de la aplicación administradas con un único usuario por persona, permitiendo además su acceso desde otras aplicaciones (inicialmente Moodle).

Se desarrolló una aplicación modular, con un sistema de seguridad global, en la que se podían incorporar aportaciones de valor añadido como las que se estaban desarrollando en la Escuela Técnica Superior de Ingeniería Informática mediante las propuestas de proyectos de fin de carrera.

Tras valorar la ampliación multiplataforma de la aplicación inicial con los nuevos requisitos, se propuso el desarrollo de una nueva aplicación mediante la tecnología ASP.NET que considerase todas las funcionalidades incluidas hasta la fecha.

Quedaba pendiente el desarrollo de:

- Un generador de histogramas que mostrase la evolución mensual, total y por periodos de los valores que responde el usuario.
- Un sistema de gestión de traducciones para todas las áreas de la aplicación que permitiese la traducción de contenidos a otros idiomas.
- La integración de la aplicación en el Directorio Activo de la Universidad de Valladolid (LDAP UVA) que coexistiese con la autenticación actual en aquel momento.

- La integración de la aplicación en el Campus Virtual de la Universidad, gestionada mediante la herramienta Open Source Moodle.
- Un sistema de exportación de datos para su análisis.
- Un sistema automatizado de reactivación de la herramienta tras cada curso.

Pero debido a los recortes presupuestarios de aquel momento no se pudo continuar.

## 4.3. MÉTODO

### 4.3.1. MUESTRA

De los 320 estudiantes totales que participaron durante el segundo cuatrimestre del curso 2010-11, solamente hemos considerado para el análisis aquellos que utilizaron la herramienta Aprender Pensando durante al menos tres meses seguidos.

La muestra está formada por un total de 277 estudiantes matriculados en distintas asignaturas de diferentes cursos y titulaciones.

### 4.3.2. PROCEDIMIENTO

En la muestra total, de 277 estudiantes, se diferencian los siguientes cuatro grupos:
- **Grupo 1**: formado por un total de 125 estudiantes matriculados en diferentes cursos en las siguientes titulaciones: Económicas; Maestros de Primaria; Ciencias del Trabajo; Filosofía y Letras; y Ciencias Empresariales.
- **Grupo 2**: formado por un total de 48 estudiantes matriculados en diferentes cursos de las siguientes titulaciones: Ingeniería de Informática y Telecomunicaciones.
- **Grupo 3**: formado por un total de 21estudiantes matriculados en diferentes cursos en las siguientes titulaciones: Arquitectura, Dietética y Medicina.
- **Grupo 4**: formado por un total de 83 estudiantes matriculados en diferentes cursos en las siguientes titulaciones: Trabajo Social y Logopedia.

### 4.3.3 RESULTADOS

Las puntuaciones medias obtenidas para los cuatro grupos de estudio varían entre 135,0 y 154,43. Estas diferencias son estadísticamente significativas (pv < 0,001).

## Descriptivos
## (total escala)

| Grupo | N | Media | Des. típica | Error típico | Intervalo de confianza para la media al 95 % | | Mínimo | Máximo |
|---|---|---|---|---|---|---|---|---|
| | | | | | Lím. inferior | Lím. superior | | |
| 1 | 125 | 141,3360 | 17,93534 | 1,60419 | 138,1609 | 144,5111 | 92,00 | 187,00 |
| 2 | 48 | 135,0000 | 18,70942 | 2,70047 | 129,5673 | 140,4327 | 94,00 | 174,00 |
| 3 | 21 | 149,0000 | 25,84956 | 5,64084 | 137,2334 | 160,7666 | 111,00 | 191,00 |
| 4 | 83 | 154,4337 | 19,83910 | 2,17762 | 150,1017 | 158,7657 | 92,00 | 192,00 |
| TOTAL | 277 | 144,7437 | 20,51518 | 1,23264 | 142,3171 | 147,1702 | 91,00 | 192,00 |

## Pruebas *post hoc*
## (total escala DMS)

| Grupo (I) | Grupo (J) | Diferencia de medidas (I-J) | Error típico | Sig. | Intervalo de confianza al 95 % | |
|---|---|---|---|---|---|---|
| | | | | | Lím. inferior | Lím. superior |
| 1 | 2 | 6,33600 | 3,28186 | 0,055 | -0,1250 | 12,7970 |
| | 3 | -7,66400 | 4,55810 | 0,094 | -16,6375 | 1,3095 |
| | 4 | -13,09773* | 2,73659 | 0,000 | -18,4852 | -7,7102 |
| 2 | 1 | -6,33600 | 3,28186 | 0,055 | -12,7970 | 0,1250 |
| | 3 | -14,00000* | 5,05670 | 0,006 | -23,9551 | -4,0449 |
| | 4 | -19,43373* | 3,50468 | 0,000 | -26,3334 | -12,5341 |
| 3 | 1 | 7,66400 | 3,28186 | 0,094 | -1,3095 | 16,6375 |
| | 2 | 14,00000* | 5,05670 | 0,006 | 4,0449 | 23,9551 |
| | 4 | -5,43373 | 3,50468 | 0,251 | -14,7281 | 3,8606 |
| 4 | 1 | 13,09773* | 2,73659 | 0,000 | 7,7102 | 18,4852 |
| | 2 | 19,43373* | 3,50468 | 0,000 | 12,5341 | 26,3334 |
| | 3 | 5,43373 | 4,72107 | 0,251 | -3,8606 | 14,7281 |

*La diferencia de medidas es significativa al nivel 0,05

La diferencia de medias encontradas es estadísticamente significativa en las comparaciones siguientes:

- **Grupo 1**: cuya puntuación media de las 5 variables es de 141,3360 es estadísticamente significativo con el grupo 4.
    - Grupo 1 con el 4 (pv < 0,001)
- **Grupo 2**: cuya puntuación media de las 5 variables es de 135,00 es estadísticamente significativo con los grupos 3 y 4.
    - Grupo 2 con el 3 (pv = 0,006) y con el 4 (pv < 0,001)
- **Grupo 3**: cuya puntuación media de las 5 variables es de 149,00 es estadísticamente significativo con el grupo 2.

- Grupo 3 con el 2 (pv = 0,006)
- **Grupo 4**: cuya puntuación media de las 5 variables es de 154,4337 es estadísticamente significativo con los grupos 1 y 2.
  - Grupo 4 con el 1 y con el 2, en ambos casos (pv < 0,001)

## 4.3.4 CONCLUSIONES

De los cuatro grupos, el que peores puntuaciones obtuvo fue el 2 y las mejores puntuaciones fueron para el 4, seguido del 3 y del 1.

En el **grupo 4,** la profesora que presenta la herramienta Aprender Pensando a sus estudiantes es su autora.

En el **grupo 3,** la autora de la herramienta lo da a conocer a los estudiantes de las distintas titulaciones de este grupo, estando presente en cada sesión el profesor que imparte la correspondiente asignatura.

En el **grupo 1,** la herramienta es presentada por cada profesor a sus estudiantes. Este grupo de profesores es el grupo piloto que, durante cuatro sesiones en el mes de octubre, realizaron un taller de formación inicial centrado en:

a) Analizar los objetivos y contenidos de la herramienta recogidos en el documento que se utilizaba para la presentación de la herramienta a los estudiantes con el fin de conocer en qué consiste y para qué sirve.

b) Analizar comparativamente los objetivos y contenidos de la herramienta con el nuevo planteamiento del aprendizaje y competencias del estudiante que se contemplan en el Espacio Europeo de Educación Superior.

En el **grupo 2,** cada profesor presenta la herramienta a sus estudiantes sin haber recibido ningún tipo de formación previa sobre la misma.

El uso continuado de la herramienta Aprender Pensando, nivel Universidad, ha permitido al alumnado el entrenamiento en:

- **Resolución de problemas**, aplicado al aprendizaje permanente: planes, metas y autorregulación (Calleja, 1994).
- **Estrategias generales de aprendizaje**, entendidas como el conjunto de procedimientos utilizados por el estudiante que le permiten controlar su propio proceso de aprendizaje regulando intencionalmente sus recursos cognitivos.
- **Autoevaluación y autorregulación**, que han permitido al alumnado observar su efectividad.

Hay que destacar la producción científica de diversas comunicaciones presentadas en diferentes congresos nacionales e internacionales y el desarrollo de un proyecto fin de carrera de Ingeniería de Telecomunicación, así como el interés por llevar a cabo diferentes investigaciones sobre los datos obtenidos.

## 4.4. RESUMEN

A partir del interés de un grupo de profesores de la Universidad de Valladolid por incluir en la práctica docente la posibilidad de ofrecer al alumnado el uso del modelo 3 de la herramienta Aprender Pensando, surge la redacción del proyecto «Aprender Pensando: entrenamiento en la adquisición de aprendizaje autorregulado y desarrollo de competencias transversales».

De su desarrollo se encargaría inicialmente el grupo piloto y posteriormente lo continuarían los grupos de innovación docente (GID).

La adaptación multiplataforma de la herramienta Aprender Pensando y la implicación de 58 profesores con docencia en 90 asignaturas de 70 titulaciones y 10 técnicos facilitó a 1482 estudiantes el uso de la herramienta, que fue utilizada como instrumento de autoevaluación y entrenamiento en la adquisición de estrategias generales de aprendizaje y desarrollo de competencias transversales.

Para los profesores que formaron parte de los grupos de innovación docente, supuso una experiencia muy productiva a nivel interdepartamental. Resultó enriquecedor para todos el hecho de aunar esfuerzos y compartir el objetivo común de incluir en la práctica docente la herramienta Aprender Pensando como instrumento de autoevaluación y entrenamiento en la mejora del aprendizaje de nuestros estudiantes.

Desde el buen recuerdo de aquella experiencia, animamos al profesorado de los distintos niveles educativos a participar en posibles proyectos que ofrezcan a los estudiantes la posibilidad de entrenarse en la adquisición de estrategias generales de aprendizaje.

La posible adaptación a formato electrónico de los distintos modelos de la herramienta Aprender Pensando ofrece la posibilidad de acceso a muchos estudiantes y fomenta la participación entre el profesorado y el alumnado, y ambos entre sí. A todos los animamos a repetir la experiencia.

Implicarse en la aplicación de esta tarea requiere, como hemos visto en los resultados anteriormente presentados, una sencilla información y formación para el profesorado. El contenido expuesto en los capítulos primero, tercero y cuarto es suficiente para lograr tal objetivo. Animar al profesorado, familias y estudiantes ha sido una de nuestras pretensiones al realizar esta publicación.

En las páginas precedentes se detallan sencillas actividades prácticas donde la teoría de los distintos procesos se transforma en conducta estratégica. Estas actividades están dirigidas a la mayor y mejor implicación del estudiante en su personal proceso de APRENDER PENSANDO.

Estamos convencidos que merece la pena ofrecerles nuestra ayuda.

# CAPÍTULO 5

# MEDIACIÓN FAMILIAR Y ESCOLAR

## 5.1. PADRES Y PROFESORES COMO AGENTES EDUCATIVOS

Los padres en casa y los profesores en la escuela, tanto por lo que dicen como por lo que hacen, son modelos para los hijos y estudiantes, ya que de ellos aprenden fundamentalmente por imitación. Sus palabras de ánimo, apoyo y refuerzo, junto con su presencia, son la mejor compañía que sirve de guía en el apasionante proceso de *educar personas.*

Dentro del modelo contextual dialéctico, Vygotski (1990), en su teoría, concede una especial importancia a la actividad social como experiencia MEDIADORA en el desarrollo de los procesos psicológicos. Con la ley de doble formación explica que la adquisición de conocimientos empieza en el plano externo a través del lenguaje con el intercambio social entre personas o intersubjetivo, y después se interioriza en el plano intrapersonal o desarrollo del pensamiento.

Vygotski distingue tres zonas de desarrollo:
- Zona de desarrollo real
- Zona de desarrollo potencial
- Zona de desarrollo próximo

Y considera que el paso de las funciones del plano externo interpersonal al interno o intrapsicológico ocurre en la zona de desarrollo próximo.

### ¿DÓNDE INTERVENIR?

**Zona de desarrollo potencial**

**Zona de desarrollo próximo**

**Zona de desarrollo real**

La zona de desarrollo potencial se refiere a lo que el sujeto puede llegar a hacer.

La zona de desarrollo real se refiere a lo que el sujeto es capaz de hacer por sí mismo en un momento y una tarea concretos.

Y la zona de desarrollo próximo se refiere a un área imaginaria que limita la de desarrollo actual con la de desarrollo potencial. Esta amplia zona competencial va desde lo que el sujeto puede hacer por sí solo hasta aquello para lo necesita la ayuda mediadora de los adultos o de los iguales más competentes en esa tarea y ese momento concretos.

Para Vygotski tanto el aprendizaje como el desarrollo presuponen un contexto social en interacción del individuo con otras personas utilizando la metáfora dialogal.

La intersubjetividad en casa, entre hijos y padres, y en la escuela, entre el profesorado y el alumnado, permite llegar por medio de una negociación comunicativa a una definición compartida de aquellos aspectos en los que el aprendizaje actual del hijo-estudiante puede mejorar.

Tanto la familia como el profesorado y los iguales con mayor competencia actúan como mediadores sociales y sirven de guía al estudiante, situándose en la zona de desarrollo próximo donde este se encuentra y allí tiran promoviendo desarrollo.

La finalidad de toda acción mediadora se centra en:

- Proporcionar diversos estímulos y refuerzos adecuados.
- Apoyar los logros y ayudar a superar los primeros fracasos.

Pero, para que la intervención mediadora sea eficaz, ha de tener en cuenta una serie de criterios:

1. La bidireccionalidad con el hijo-estudiante-compañero referente a la conducta que en ese momento necesita adquirir o extinguir.

2. Cuando los padres y el profesorado actúan como mediadores en la mejora del aprendizaje de los hijos-estudiantes en todos los casos, una de las metas debe ser apoyar con cariño al hijo-estudiante para que este se mantenga en ese necesario estado voluntario de alerta y vigilancia que los procesos atencionales controlados demandan, y practique la atención sostenida y mantenida.

3. La mediación que ayude a los hijos-estudiantes a anticipar las consecuencias de su comportamiento, invitándolos a representarse mentalmente el éxito que conseguirán como otros lo han logrado tras el esfuerzo invertido.

4. La mediación que ayude a los hijos-estudiantes a autorregular su conducta según las demandas de la tarea.

5. La mediación que se manifiesta en expresiones de ánimo ante el esfuerzo de los hijos-estudiantes por marcarse planes, conseguir metas y realizar autoevaluaciones. Los padres en la familia y el profesorado en la escuela deben usar frecuentemente estímulos (E) donde las verbalizaciones y los gestos de ánimo pueden ser algunos ejemplos de refuerzos que proporcionan a la per-

sona (P), en este caso hijo o estudiante, un ambiente donde se puede sentir seguro, aceptado y motivado para dar respuestas-conductuales (R) cada vez más competentes. De ese modo, progresivamente va siendo más capaz de anticipar las consecuencias de su conducta-respuesta antes de ejercerla, anticipando los múltiples efectos que dicha conducta, positiva o negativa, puede tener en los diferentes espacios grupales por donde transita y teniendo en cuenta que siempre las consecuencias de nuestras respuestas-conductas repercuten en primer lugar en uno mismo.

## 5.2. ACTIVIDADES COMPARTIDAS

Los hijos y estudiantes necesitan que los padres y el profesorado se impliquen, entre otras, en las siguientes actividades:

1. Ayudar a planificar la tarea diaria de lunes a viernes, dejando el fin de semana libre.
2. Justificar la necesidad de que se programen metas concretas, asequibles, pequeñas y posibles.
3. Razonar la importancia de organizar el trabajo diario, primero estudiando lo que se ha explicado ese día en clase y después haciendo las actividades.
4. Animar a anotar diariamente en autorregistros el resultado de la autoevaluación sobre las metas que se propusieron ese día, centrándose en dos preguntas:
   a. ¿Qué he conseguido?
   b. ¿Cómo me encuentro?
5. Suministrar apoyo y ánimo hasta que por sí solos lleguen a situar las causas de sus éxitos en las atribuciones internas, estables y controlables.
6. Ofrecer un ambiente de trabajo mientras los hijos estudian.
7. Evitar comparaciones y atribuciones negativas, así como amenazas no cumplidas.
8. Aceptar a cada uno como cada uno es, pues somos sujetos únicos e irrepetibles.
9. Fomentar el valor del esfuerzo animándolos a ser constantes y persistentes hasta conseguir las metas propuestas.
10. Animarlos en casa y en la escuela a verbalizar el estado anímico cuando han conseguido la acción deseada (Calleja, 1991, 1994 y 2006).
11. Tener presente lo que se denomina *efecto Pigmalión*, que se refiere a la influencia que las expectativas de los padres y profesores tienen sobre las de los hijos y estudiantes. Esto tiene una doble vertiente: puede ser positiva si realmente eleva la autoestima, pero también puede ser negativa si baja el autoconcepto académico.
12. Ayudar a los hijos en casa y al alumnado en la escuela a identificar las adversidades y momentos de crisis como oportunidades de crecimiento,

pues esta capacidad de adaptación y de ajuste a los posibles retos del entorno son respuestas constructivas a la adversidad. A esa capacidad de las personas para desarrollarse a pesar de las dificultades e, incluso, sacar provecho de ello es a lo que se conoce con el nombre de RESILIENCIA y educativamente ha demostrado ser un aspecto clave del crecimiento personal y social.

13. De nosotros como modelos aprenden nuestros hijos y estudiantes todo tipo de conductas por imitación. De entre ellas destacamos dos por su enorme poder y repercusión educativa, la empatía y al asertividad.

   a. EMPATÍA: entendida como la capacidad para comprender a los demás sin tener que llegar a pensar de la misma manera. Ofrece una oportunidad para experimentar los diferentes puntos de vista.

   b. ASERTIVIDAD: interpretada como la capacidad interna del sujeto para ser claro, franco y directo defendiendo sus derechos y sin herir a los demás.

**La presencia de la FAMILIA y el PROFESORADO como mediadores sociales en la educación, con esa doble tarea de revisar y ayudar, es de gran transcendencia intersubjetiva.**

**La proximidad de los MEDIADORES SOCIALES es una oportunidad para que los hijos en el ambiente familiar y los estudiantes puedan exteriorizar lo que piensan y todo ello les ayude a ir tomando conciencia de los aciertos, de los errores y de las posibles lagunas, así como de los distintos estados emocionales, que los acompañan tras la consecución de los respectivos éxitos y fracasos.**

A continuación, se detallan algunas pequeñas pautas que pueden servir de guía en el necesario apoyo del profesorado y la familia para la adquisición de estrategias generales de aprendizaje.

En la adquisición de estrategias generales de aprendizaje es importante el apoyo mediador del profesorado y la familia, de ahí la conveniente participación de ambos, sobre todo con los estudiantes de Primaria y primeros cursos de Secundaria, pudiendo utilizar como guía los siguientes instrumentos de autoevaluación.

## 5.2.1. INSTRUMENTO DE AUTOEVALUACIÓN PARA EL PROFESORADO

1. ¿Estoy pendiente de que apunten en la agenda las tareas que tienen que realizar cada día?
   ☐ Nunca   ☐ A veces   ☐ Casi siempre   ☐ Siempre

2. ¿Les ayudo a realizar la planificación diaria?
   ☐ Nunca   ☐ A veces   ☐ Casi siempre   ☐ Siempre

3. ¿Con qué frecuencia los animo para que primero estudien y después hagan los deberes?
   ☐ Nunca   ☐ A veces   ☐ Casi siempre   ☐ Siempre

4. ¿Con qué frecuencia les recuerdo la importancia de realizar la autoevaluación diaria?
   a. Qué se ha propuesto
   b. Qué ha conseguido
   c. Cómo se encuentra
   ☐ Nunca   ☐ A veces   ☐ Casi siempre   ☐ Siempre

5. ¿Los valoro y reconozco cuando trabajan de forma constante y responsable?
   ☐ Nunca   ☐ A veces   ☐ Casi siempre   ☐ Siempre

6. ¿Les ayudo a ver los fallos que han tenido en los exámenes?
   ☐ Nunca   ☐ A veces   ☐ Casi siempre   ☐ Siempre

7. ¿Me aseguro de que hayan corregido los deberes todos los días?
   ☐ Nunca   ☐ A veces   ☐ Casi siempre   ☐ Siempre

8. Con sus resultados académicos estoy:
   ☐ Nada satisfecho   ☐ Poco satisfecho   ☐ Satisfecho   ☐ Muy satisfecho

9. ¿Conozco sus dificultades y problemas?
   ☐ Nunca   ☐ A veces   ☐ Casi siempre   ☐ Siempre

10. ¿Valoro su esfuerzo por mantener la atención en clase?
    ☐ Nunca   ☐ A veces   ☐ Casi siempre   ☐ Siempre

## 5.2.2. INSTRUMENTO DE AUTOEVALUACIÓN PARA LA FAMILIA

1. Les preguntamos por las tareas que tienen que hacer cada día:
   ☐ Nunca  ☐ A veces  ☐ Casi siempre  ☐ Siempre

2. Les ayudamos a realizar la planificación diaria definiendo metas pequeñas y posibles:
   ☐ Nunca  ☐ A veces  ☐ Casi siempre  ☐ Siempre

3. Les recordamos la importancia de estudiar primero y después hacer los deberes:
   ☐ Nunca  ☐ A veces  ☐ Casi siempre  ☐ Siempre

4. Controlamos los ruidos en casa para que haya ambiente de estudio:
   ☐ Nunca  ☐ A veces  ☐ Casi siempre  ☐ Siempre

5. Cuando termina de estudiar, les recordamos si ha rellenado la evaluación en el diario contestando a las preguntas:
   - ¿Qué me he propuesto?
   - ¿Qué he conseguido?
   - ¿Cómo me encuentro?

   ☐ Nunca  ☐ A veces  ☐ Casi siempre  ☐ Siempre

6. Valoramos verbalmente cuando trabajan de forma constante y responsable:
   ☐ Nunca  ☐ A veces  ☐ Casi siempre  ☐ Siempre

7. Apoyamos su esfuerzo:
   ☐ Nunca  ☐ A veces  Casi siempre  ☐ Siempre

8. Respecto a sus resultados académicos estamos:
   ☐ Nada satisfechos  ☐ Poco satisfechos  ☐ Satisfechos  ☐ Muy satisfechos

9. Conocen sus dificultades y problemas:
   ☐ Nunca  ☐ A veces  ☐ Casi siempre  ☐ Siempre

En definitiva, la mediación se basa en el apoyo y control firme en casa y en clase, firme pero no rígido. Las normas claras y razonadas, en los dos ámbitos, fomentan y hacen compatible tanto la participación como la autonomía.

**La labor educativa que supone la MEDIACIÓN FAMILIAR y ESCOLAR en el aprendizaje persigue en ambos escenarios el objetivo de OFRECER AYUDA para que los estudiantes diariamente puedan ir adquiriendo mayores cotas de AUTONOMÍA y de COMPETENCIA.**

## EDUCACIÓN, FAMILIA Y ESCUELA

1. AUTORITARIO
   - Elevado control
   - Bajo apoyo
   - Castigos, amenazas, imposición de normas
     - Obediencia
     - No comprensión de reglas

2. PERMISIVO
   - Las normas y los límites a la conducta están difusos
     - Control parental escolar escaso

3. DEMOCRÁTICO
   - Control
     - Firme
     - No rígido
   - Normas
     - Claras
     - Razonadas
   - Fomenta
     - Participación
     - Autonomía

A lo largo de las diferentes intervenciones llevadas a cabo con los estudiantes de Primaria y Secundaria, siempre hemos implicado de una u otra forma al profesorado y a las familias.

Nos interesaba conocer lo que los estudiantes pedían a sus padres y profesores, es decir, qué actitudes de ambos les gustaría que cambiaran respecto a sus estudios.

El total de sus peticiones pueden comprobarse en Calleja (1991, 1994 y 2006) de donde sacamos estas breves afirmaciones:

1. Los hijos piden a sus padres que, respecto a su estudio, tengan en cuenta las siguientes actitudes, entre otras:
   - Que cuiden el ambiente de silencio cuando están estudiando.
   - Que el padre y la madre no se contradigan. Dicen que las riñas les desaniman, pero reconocen que, cuando se les riñe razonando, supone ayuda y apoyo.
   - Que cambien los comportamientos recriminativos, comparativos y poco comprensivos que de forma insistente practican.
   - Que no se fijen solo en aquello que hacen mal o dejan de hacer, sino que valoren el esfuerzo que tienen que poner para cambiar sus hábitos de estudio, así como su estado de ánimo (indefensión) ante los malos resultados.

2. Los estudiantes piden a sus profesores que, respecto a su aprendizaje, tomen las siguientes actitudes:
   - Que no solo se preocupen de su asignatura, sino que también lo hagan de los alumnos facilitándoles la comprensión, la atención y la participación.
   - Que eviten comparaciones, críticas, favoritismos y excesiva autoridad.
   - Que tengan en cuenta las demás asignaturas cuando ponen deberes y exámenes.
   - Que ayuden a llevar la materia de estudio al día corrigiendo y evaluando los deberes y poniendo exámenes más frecuentemente.

En capítulos anteriores hemos dicho que en las diversas intervenciones realizadas con el alumnado de los niveles de Primaria y Secundaria-Bachillerato incluíamos la participación de las familias y el profesorado. En concreto, al profesorado le formulamos, en diferentes momentos, la siguiente pregunta: **«Desde tu experiencia docente y educativa, a tu juicio, ¿qué actitudes positivas y negativas de los padres crees conveniente practicar o evitar en su tarea educativa?».**

Sus respuestas literales se presentan a continuación.

## 5.3. ACTITUDES PARA DESARROLLAR O EVITAR EN LA FAMILIA

### ACTITUDES POSITIVAS

1. La familia aporta amor, estabilidad, refugio y seguridad.
2. Quieren dar a los hijos todo lo que ellos no han tenido.
3. Es un agente de socialización.
4. Apoyo y ayuda incondicional y confianza en los hijos.
5. Apoyo escolar.
6. Crean un ambiente adecuado para la formación y educación de los hijos.
7. Crean un ambiente de silencio cuando estudian los chavales.
8. Guían, pero no dirigen, la vida de los hijos.
9. Hay una preocupación por la educación y el desarrollo de los hijos.
10. Es el lugar donde se aprenden los valores y principios morales básicos para el desarrollo de la persona: tolerancia, respeto, autoestima, lealtad, sencillez, generosidad…
11. Enseñan conductas para desenvolverse en la vida.
12. En ella se adquieren los conocimientos culturales y del entorno.
13. Los hermanos mayores sirven de modelo a los menores y suponen un gran apoyo. Van abriendo puertas.
14. Participan en las actividades que el colegio propone.
15. Tienen presencia en el centro escolar.

16. Apoyan la labor del centro y del profesorado.
17. Existe una coordinación con los mensajes que se transmiten en la familia y en el centro escolar.
18. La relación padre/hijos no es dictatorial.
19. Fomentan la lectura.
20. Despiertan la curiosidad de los hijos llevándolos a excursiones, museos, teatro…
21. Fomentan la resolución pacífica de conflictos.
22. Hay sinceridad y complicidad con el tutor.
23. Son consecuentes con los castigos.
24. Mantienen unas normas claras.
25. Dedican tiempo a sus hijos y procuran que sea de buena calidad.
26. Se les ofrece una libertad mayor de elección.
27. Valora el trabajo y el esfuerzo de los hijos con muestras de afecto.
28. Anima a plantearse nuevas metas de conocimiento.
29. Se preocupan por saber cómo son sus hijos como personas, no solo como estudiantes.
30. Disponen de más medios materiales que hace unos años para mejorar la educación de los hijos.
31. La familia tiene inquietudes, preguntas, reclamos y también sugerencias e iniciativas.
32. Hablan con los hijos y tienen en cuenta sus opiniones e inquietudes. Hay sinceridad en el diálogo.
33. Están abiertas a las nuevas tecnologías.
34. Fomentan las salidas al extranjero.
35. No presionan a los hijos para que dejen los estudios y se pongan a trabajar.
36. Fomentan la responsabilidad de los chavales.
37. Aportan una visión trascendente de la existencia humana.
38. Los hijos se sienten orgullosos de su familia.
39. Tienen y transmiten una conciencia social y ecológica.
40. Tienen amplitud de miras.
41. Tienen capacidad de reacción ante un problema de sus hijos.
42. Mantienen una posición crítica ante la sociedad.

## ACTITUDES NEGATIVAS

1. Sobreprotección de los hijos. Son muy permisivos con los hijos.
2. No dan importancia a aspectos como la actitud y el compromiso.
3. Delegan toda la responsabilidad de la educación de los hijos en la escuela.
4. No se preocupan por lo que se hace en la escuela.
5. Falta de conexión con el profesorado.

6. No se tiene en cuenta la opinión del profesor. Se le desacredita. Siempre dan la razón al hijo.
7. Transmiten resentimiento hacia la escuela.
8. Falta de control del estudio y las tareas para casa de los hijos.
9. No se tienen unas normas de convivencia bien marcadas ni se inculca una disciplina.
10. Exigen a los hijos mucho más de lo que pueden dar.
11. Se preocupan sólo de los resultados académicos. La educación de los hijos no es una prioridad.
12. Transmiten valores negativos como el individualismo, el odio, la violencia, machismo, el consumismo…
13. Dedican poco tiempo a los hijos. Cambian tiempo por dinero.
14. No valoran los méritos ni reconocen su esfuerzo.
15. No escuchan a los hijos. No tienen comunicación ni confianza.
16. Pasotismo frente a problemas de los hijos.
17. Desestructuración de la familia.
18. Dan demasiada importancia a triunfar económicamente en la vida.
19. Mal ambiente familiar. Falta de amor.
20. La vida familiar se organiza en torno al consumo, el ocio y el tiempo libre.
21. Olvido de su papel como ejemplo.
22. Desconocen qué hacen sus hijos en su tiempo libre.
23. En el poco tiempo que tienen para estar en casa no tienen ganas de estar con los hijos.
24. Falta de formación en temas educativos: no saben educar.

## 5.4. RESUMEN

En este capítulo se resalta la necesaria e importante acción educativa que supone la implicación mediadora del profesorado en la escuela y de los padres en la familia. Sus actitudes positivas suponen para el hijo y el estudiante un estímulo en unos casos, y un refuerzo en otros, que reciben de la situación ambiental más próxima.

La adecuada intervención de unos y otros en la zona de desarrollo próximo promueve, a través del lenguaje, el paso del desarrollo externo en lo interpersonal al desarrollo intrapersonal del pensamiento en lo interno.

Este paso supone un gran avance cualitativo en el desarrollo, lo que permite superar la regulación externa para entrar en la autorregulación intencional de la conducta.

**La acción mediadora, de la familia y del profesorado como agentes externos que participan en la educación con sus actitudes positivas promueve y hace posible el multidimensional proceso de desarrollo óptimo de los estudiantes.**

La intervención educativa, respecto del aprendizaje de los hijos, la concreta-mos en una serie de actividades derivadas de la reflexión personal a partir de la amplia experiencia adquirida en los sucesivas, diversas y abundantes interven-ciones con las familias y el profesorado de los estudiantes no universitarios con los que trabajamos a lo largo de más de dos décadas, como se recoge en los tres primeros capítulos.

Se presentan algunas peticiones que los hijos hacen a sus padres y que como estudiantes hacen a sus profesores (Calleja, 1991).

Se concluye con la relación de actitudes positivas y negativas para desarrollar o evitar en la familia, donde se dan a conocer las respuestas literales de 373 licencia-dos, en aquel momento estudiantes del Curso de Aptitud Pedagógica y opositores a profesores de Secundaria a quienes planteamos la siguiente pregunta: **«¿Qué actitu-des positivas y negativas a vuestro juicio creéis conveniente que los padres procuren practicar o evitar en su tarea educativa?»**.

Desde nuestra perspectiva, **las actitudes positivas podrían interpretarse como factores de protección y las negativas, como factores de riesgo.**

# CAPÍTULO 6

# CONSTRUCCIÓN DE LA HERRAMIENTA
# ENSEÑAR PENSANDO

## 6.1. ANTECEDENTES

Durante no pocos años impartimos docencia en el Curso de Aptitud Pedagógica (CAP), hoy Máster Universitario de Formación para el Profesorado.

El alumnado lo componían licenciados en diferentes carreras: Historia, Filosofía, Filologías, Físicas, Químicas, Matemáticas, Arquitectura, Medicina, Económicas...

El curso era requisito indispensable para la oposición de Secundaria a la que todos tenían intención de presentarse. En el año 2003-04 el Instituto de Ciencias de la Educación (ICE) de la universidad que se encargaba de organizar estos cursos me asignó tres grupos:

- Grupo 1: formado por 115 estudiantes
- Grupo 2: formado por 126 estudiantes
- Grupo 3: formado por 132 estudiantes

Al comienzo del curso, a los tres grupos se les planteó la siguiente premisa con un cuestionamiento final:

A lo largo de esta amplia trayectoria que traéis como estudiantes en vuestro paso por los diferentes cursos de los diferentes niveles educativos, desde Párvulos pasando por Enseñanza General Básica (EGB), Bachillerato Unificado Polivalente (BUP), Curso de Orientación Universitaria (COU), los cinco cursos de la carrera universitaria y el CAP, habéis tenido y seguís teniendo muchos profesores, de los cuales unos habrán dejado en vosotros muy buenos recuerdos y de otros puede que no sea tan bueno y por eso tal vez pensáis que lo mejor sea olvidarlos.

Ahora que estáis a las puertas de pasar a ser profesores de Secundaria os pido que recordéis y describáis las características que definían a aquellos buenos profesores con el fin de recordar tanto sus actitudes educativas como los recursos didácticos que utilizaban en el aula.

El objetivo es que os sirvan de referencia y los tengáis como modelos que se pueden imitar.

Pero también es importante describir las actitudes negativas o la falta de recursos didácticos que caracterizaban a aquellos otros profesores que recordáis como no tan buenos, porque es conveniente recordar y describir las características o actitudes que manifestaban en el aula con el fin de tenerlos como ejemplo de modelos que hay que evitar.

Todos forman parte de vuestra experiencia, unos como modelos para imitar y otros como modelos para evitar.

## 6.2. PROCEDIMIENTO METODOLÓGICO

A partir de las características positivas con las que este grupo de 373 licenciados describen a aquellos buenos profesores que dejaron en ellos una profunda huella de considerable efecto positivo y que definen como buenos profesores, se aplicó un análisis cualitativo y, trasladando sus frases literales a los diferentes ítems, se elaboró la herramienta de Enseñar Pensando.

Posteriormente, la herramienta se pasó a 110 profesores: 38 de Educación Primaria y 72 de Educación Secundaria y Bachillerato.

Los datos recogidos fueron sometimos a diferentes análisis estadísticos, y la fiabilidad obtenida mediante el método alfa de Cronbach fue de un coeficiente = 0,947. Por lo que se refiere a la estructura factorial por el método de componentes principales y criterio de extracción de factores según el *screeplot* de Cattell con rotación Varimax, se obtuvo una solución interpretable de 7 factores que explican el 62,19 % de la varianza.

El análisis de contenido nos permitió relacionar los factores con las cuatro características fundamentales del currículo: aspectos conceptuales, procedimentales, actitudinales y educativos.

La nueva herramienta Enseñar Pensando, reelaborada a partir de los análisis efectuados, fue facilitada a 29 profesores: 9 de Educación Primaria y 20 de Educación Secundaria y Bachillerato, a quienes se les pidió que, en función de su experiencia, actuaran como jueces, asignando una puntuación a cada ítem de 1 a 10, y determinando el grado de relevancia según opinión. De esta forma juzgaban en qué medida cada ítem o pregunta reflejaba la categoría a la que estaba adscrita.

Sometidos los datos a los análisis pertinentes, por una parte, se seleccionaron los ítems que tenían puntuación media mayor de 8 y desviación típica menor de 2,5. Por otra parte se seleccionaron aquellos ítems que, según los criterios de los jueces, habían tenido como mínimo 4 coincidencias en relevancia en alguno de los 10 valores de puntuación.

El modelo 1 de la herramienta Enseñar Pensando está adaptado para el profesorado de Primaria y Secundaria y los 73 ítems se reparten de la siguiente forma:

Conceptuales        17
Procedimentales     26
Actitudinales       30
Educativos          7

El modelo 2 de la herramienta Enseñar Pensando está adaptado al profesorado de Universidad, consta de 30 ítems repartidos por igual entre las 3 variables y se refieren a los aspectos conceptuales, procedimentales y actitudinales.

## 6.3. ASPECTOS CONCEPTUALES PROCEDIMENTALES Y ACTITUDINALES

El modelo teórico seguido es el del aprendizaje social cognitivo, donde la conducta del individuo se explica por una continua interacción entre las variables personales y situacionales, el resultado de dicha interacción constituye el ambiente psicológico.

La persona, la conducta y la situación están en interacción constante y se influyen recíprocamente. El sujeto es ahora el profesor, la conducta objeto de estudio es su tarea docente y la situación es el aula concreta dentro del ambiente escolar.

El punto de partida es el pensamiento del profesor que autoevalúa su forma de enseñar. Y, PENSANDO, revisa en qué medida, en su práctica docente, está facilitando al alumnado la consecución de objetivos y la asimilación de contenidos. PENSANDO, analiza cómo activar los componentes del ejecutivo central por medio de la autorregulación de su conducta.

En este reto educativo se mueve el profesorado en interacción con el alumnado y juntos avanzan por la espiral educativa dentro de una dinámica continua y abierta.

Los resultados producirán un grado de satisfacción o insatisfacción profesional y personal variable, pero siempre dejando un poso que va cristalizando en la imagen propia, una imagen que repercute primero en su autoconcepto y después en su autoestima.

En este modelo teórico, al sujeto siempre se le considera activo.

En este caso, el profesor, PENSANDO, reflexiona, analiza, organiza y planifica su conducta por medio de sucesivas metas didácticas con las que aborda su tarea docente de ENSEÑAR y EDUCAR durante el desarrollo de las distintas programaciones.

Diversos pueden ser los motivos e intereses de cada profesor, pero de todos se deriva, en el mejor de los casos, una continua adaptación. El profesor, como sujeto reflexivo, inicia su actividad PENSANDO y desde el pensamiento va elaborando acciones creativas para aplicar a la doble dimensión de educar y enseñar.

PENSANDO, analiza cómo percibe y describe su conducta o actividad docente y cómo se percibe a sí mismo en esa amplia y apasionante tarea conjunta de enseñar y educar.

PENSANDO, autoevalúa su interacción con los estudiantes en la situación escolar y académica, y la necesaria relación con sus familias. Ambos son agentes significativos que están presentes en el espacio vital por el que transita y donde tiene lugar su labor docente y educativa.

Siguiendo las orientaciones didácticas que el Ministerio de Educación y Ciencia recoge en los *Materiales para la reforma* (1992), se puede comprobar que uno de los principios básicos que contribuye a la mejora del sistema educativo es el que se refiere a que los centros cuenten con autonomía y puedan tomar las decisiones metodológicas que consideren oportunas en función de una serie de variables como son el contexto educativo, el tipo de alumnado, las opciones pedagógicas, las concepciones educativas y la experiencia profesional del profesorado.

En función de todas estas variables, cada profesor perfila el grado de autonomía y participación del alumnado en el proceso de enseñanza-aprendizaje, la selección de actividades y los recursos didácticos como formas de intervención en el aula.

Las decisiones metodológicas se toman en función de dos aspectos clave: por un lado, la dirección hacia donde debe encaminarse la intervención educativa en la escuela, es decir, la formación integral del estudiante y, por el otro, el modo en cómo se explican los procesos de enseñanza-aprendizaje.

El currículo oficial es explícito en ambos sentidos y se manifiesta, por una parte, en los objetivos de las diferentes dimensiones del complejo proceso multidimensional del desarrollo de las personas (dimensión cognitiva, afectiva y social) y, por otra parte, en la incorporación de contenidos, procedimientos y actitudes como partes del aprendizaje.

Los aspectos conceptuales se refieren a los contenidos de lo que se enseña y que, por tanto, son el objeto del aprendizaje. Se refieren a un conjunto de hechos o símbolos que tienen ciertas características comunes y propias de cada área curricular.

Las áreas curriculares se interpretan como agrupamientos de los contenidos en conjuntos coherentes en torno a disciplinas comunes que tienen por objeto facilitar al profesorado la ordenación y planificación de su actividad docente, así como recoger los contenidos científicos, metodológicos y actitudinales aportados por las diversas disciplinas que constituyen la base de cada área curricular.

Los aspectos procedimentales se refieren a los procedimientos, es decir, a los contenidos de aprendizaje referidos a un conjunto de acciones ordenadas y orientadas a la consecución de una meta. Los aspectos procedimentales son destrezas, métodos y estrategias encargados de realizar acciones como clasificar, deducir, observar, etc. Suponen una ayuda pedagógica que permite al profesorado en su intervención didáctica orientar y guiar al alumnado para que cada uno pueda avanzar en su aprendizaje.

Las estrategias generales de enseñanza se interpretan como ese conjunto de acciones intencionales que guían al profesorado en su práctica docente y que promueven a la vez la autorregulación de lo QUE enseña, con la autorregulación en QUIEN aprende.

Los aspectos actitudinales se refieren a las actitudes, que son disposiciones internas para valorar como favorable o desfavorable una determinada intervención. Se caracterizan por una tendencia estable a comportarse de una determinada manera. Son uno de los tipos de contenidos del currículo.

La educación en valores se refiere a las normas, pautas de conducta y criterios de actuación derivados de determinados valores.

**Los valores son contenidos de aprendizaje referidos a creencias sobre aquello que se considera deseable. Vendrían a ser los principios normativos de conducta que influyen en el desarrollo de determinadas actitudes.**

### 6.3.1. ORGANIZADORES PREVIOS

En el currículo oficial se defiende una concepción constructivista del aprendizaje del estudiante, como ya adelantamos en los modelos de aprendizaje a los que nos referimos en el primer capítulo.

El concepto de constructivismo no se corresponde con una única teoría, sino que es el resultado de la integración de las aportaciones procedentes de diferentes modelos teóricos. El enfoque constructivista trata de explicar que el alumnado en su proceso de aprendizaje no es un sujeto pasivo que se limita a recibir, asimilar y repetir los contenidos transmitidos por el profesor. Por el contrario, a cada estudiante se le considera un sujeto activo que construye el conocimiento mediante el complejo proceso de interacción recíproca entre tres elementos claves: el contenido que se enseña, el estudiante que aprende y el profesor que lo enseña y media entre ambos. Es decir, **APRENDER es construir significados a partir de los contenidos, y estos significados son compartidos con el profesor y los compañeros por medio de la trasmisión conjunta entre ambos.**

En la concepción constructivista del proceso de enseñanza-aprendizaje, el estudiante es el sujeto agente de su propio aprendizaje, pero con la necesaria intervención mediadora y facilitadora del profesorado.

El profesorado interviene diseñando las condiciones oportunas para que el estudiante pueda modificar sus conocimientos previos enriqueciéndolos, reconstruyéndolos y organizándolos en nuevos esquemas.

El profesorado bajará al nivel donde el estudiante se encuentra y, apoyándose en lo que el estudiante conoce, utilizará los organizadores previos.

Los organizadores previos se explican como ese conjunto de procedimientos didácticos que permiten al profesorado relacionar los conceptos nuevos con los que el estudiante ya tenía adquiridos. Son, por tanto, un puente que establece el profesor como ayuda para que a cada estudiante le resulte fácil y, sobre todo, posible integrar los nuevos conceptos en el conocimiento que ya tenía organizado en su memoria a largo plazo.

El estudiante va desarrollando nuevas redes semánticas que demuestran la nueva organización de los conceptos en esquemas nuevos y enriquecidos a partir del conocimiento recién adquirido.

Con el aprendizaje de nuevos conceptos, el estudiante no une sumando lo nuevo a lo anterior, sino que lo integra en los conocimientos que ya tenía. Los nuevos conceptos enriquecen los esquemas previos por medio de la integración en lo anterior o por la construcción de otros nuevos y enriquecidos conocimientos.

**El profesorado orienta el aprendizaje de los estudiantes haciéndolo significativo para ellos. Guiado por la referencia de los objetivos, centra toda su actividad docente en enseñar y educar en la dirección y con la finalidad didáctica y educativa.**

El profesorado, al trasladar el currículo básico al aula, se ve obligado a planificar su acción docente:

- Seleccionando contenidos.
- Definiendo objetivos.
- Concretando la secuencia temporal de cuándo piensa realizar tales acciones.
- Seleccionando los recursos metodológicos que va a emplear.
- Explicitando el modelo y tipos de evaluación que va a aplicar y que le permitirá comprobar en qué medida se han conseguido o no los objetivos definidos al principio de la programación.

La evaluación es el proceso de identificar, obtener y proporcionar información útil y descriptiva acerca del valor y mérito de las metas, la planificación, la realización y el impacto de una actuación determinada, con el fin de servir de guía para la toma de decisiones, solucionar los problemas de responsabilidad y promover la comprensión de los fenómenos implicados.

Stuffiebeam y Sinkfield (1987, pg. 183).

## 6.4. MODELOS DE LA HERRAMIENTA ENSEÑAR PENSANDO

La herramienta tiene dos modelos:
- **Modelo 1: Enseñar y Educar Pensando.** Dirigido al profesorado no universitario.
- **Modelo 2: Enseñar Pensando.** Dirigido al profesorado de Universidad.

**Ambos modelos son instrumentos de autoevaluación que sirven de guía al profesorado en su tarea docente de enseñar y educar al mismo tiempo las diversas formas de hacer compatible un modelo educativo apoyado en la formación integral como persona con una concepción constructivista del aprendizaje del estudiante, solo por el placer de mejorar en competencia profesional.**

El profesorado:

- PENSANDO, somete a juicio su tarea, autoevalúa y revisa de forma continua su intervención docente con el fin de ir ajustando su actividad para lograr una autoeficaz interacción de significados compartidos con el alumnado.
- PENSANDO, activa la intencionalidad y autorregulación de su conducta, planificada y dirigida hacia la consecución de sucesivos objetivos en forma de metas pequeñas asequibles. Desde una continua dinámica, revisa y comprueba una y otra vez si las metas están adaptadas al nivel evolutivo y adecuadas a los respectivos organizadores previos de los estudiantes.

En definitiva, activa el proceso cognitivo del pensamiento y, PENSANDO, analiza, reflexiona, organiza y autoevalúa cómo ir introduciendo o ajustando en su tarea de ENSEÑAR y EDUCAR los cambios que, a su juicio, considera convenientes en cada momento.

El uso continuado de esta herramienta facilita y guía al profesorado en el entrenamiento y la adquisición de estrategias generales de enseñanza. En la medida que el profesorado va trasladando a su práctica docente esas acciones intencionales, en esa misma medida, promoverá que el alumnado traslade a su aprendizaje las correspondientes acciones intencionales de autorregulación con el uso de la **herramienta Aprender Pensando.**

## MODELO 1 de la HERRAMIENTA ENSEÑAR Y EDUCAR PENSANDO
### Niveles no universitarios

CENTRO:

CURSO:

FECHA:

### INSTRUCCIONES PARA CUMPLIMENTAR LA ESCALA

Lea detenidamente cada una de las afirmaciones que a continuación se presentan y marque la casilla que corresponda según el caso:

1. Nunca
2. A veces
3. Casi siempre
4. Siempre

**Ejemplo:**

1. Tiene claros y definidos de antemano los objetivos de la asignatura.

| Nunca | A veces | Casi siempre | Siempre |
|-------|---------|--------------|---------|
| 1 | 2 | (3) | 4 |

En este ejemplo el profesor tiene BASTANTE claros y definidos los objetivos de la asignatura.

Esta escala no tiene límite de tiempo para su contestación. Lo importante es que las respuestas reflejen lo mejor posible tu manera de pensar, sentir, creer y actuar en todo lo relacionado con tu tarea docente y educativa.

### CONCEPTUALES

|  | Nunca | A veces | Casi siempre | Siempre |
|--|-------|---------|--------------|---------|
| 1. Tengo claros y definidos de antemano los objetivos de la asignatura. |  |  |  |  |
| 2. Estoy preparado, domino la materia. |  |  |  |  |
| 3. Transmito conocimientos más que demostrar lo que sé. |  |  |  |  |
| 4. Resuelvo dudas. |  |  |  |  |
| 5. Relaciono mi materia con otras que tiene el estudiante. |  |  |  |  |
| 6. Busco explicaciones de apoyo para aclarar cuestiones. |  |  |  |  |
| 7. Me renuevo en conocimientos poniéndome al día en la materia. |  |  |  |  |
| 8. Me considero reflexivo y competente. |  |  |  |  |
| 9. Tengo vocación, me entusiasma la profesión de enseñar. |  |  |  |  |
| 10. Me considero modelo para otros. |  |  |  |  |

## PROCEDIMENTALES

| | Nunca | A veces | Casi siempre | Siempre |
|---|---|---|---|---|
| 1. Fomento el ejercicio de pensar. | | | | |
| 2. Soy ordenado en la explicación. | | | | |
| 3. Cumplo con el programa. | | | | |
| 4. Aporto sentido aplicado de lo que explico. | | | | |
| 5. Las clases son dinámicas, participativas. | | | | |
| 6. Esquematizo el tema antes de empezar y organizo el contenido. | | | | |
| 7. Adapto los contenidos al nivel del alumnado. | | | | |
| 8. Facilito el aprendizaje, atraigo la atención, disfruto impartiendo clase. | | | | |
| 9. Creo inquietudes para aprender. | | | | |
| 10. Fomento el espíritu crítico. | | | | |
| 11. Tengo en cuenta las sugerencias de los estudiantes. | | | | |
| 12. Compruebo si los estudiantes han entendido lo que se ha explicado. | | | | |
| 13. Atiendo las dificultades personales de cada estudiante. | | | | |
| 14. El examen se adecúa a lo que se ha dado en clase. | | | | |
| 15. Propongo tareas motivadoras. | | | | |

## ACTITUDINALES

|  | Nunca | A veces | Casi siempre | Siempre |
|---|---|---|---|---|
| 1. Tolerante. |  |  |  |  |
| 2. Comprensivo. |  |  |  |  |
| 3. Accesible. |  |  |  |  |
| 4. Dialogante, sé escuchar. |  |  |  |  |
| 5. Tengo paciencia, doy su tiempo, me siento a explicar individualmente si es necesario. |  |  |  |  |
| 6. Doy seguridad. |  |  |  |  |
| 7. Soy exigente, pero tengo en cuenta la capacidad del estudiante. |  |  |  |  |
| 8. Soy receptivo, me intereso por cada estudiante. |  |  |  |  |
| 9. Soy recto, pero vital, entusiasta, positivo. |  |  |  |  |
| 10. Sé mantener la autoridad sin ser autoritario. |  |  |  |  |
| 11. Si el estudiante hace algo mal, le indico cómo mejorar. |  |  |  |  |
| 12. Valoro positivamente el trabajo del estudiante. |  |  |  |  |
| 13. Soy diplomático y conciliador en situaciones tensas. |  |  |  |  |
| 14. Me gano poco a poco al alumnado. |  |  |  |  |
| 15. Me intereso por los intereses de los estudiantes. |  |  |  |  |

## EDUCATIVOS

|  | Nunca | A veces | Casi siempre | Siempre |
|---|---|---|---|---|
| 1. Transmito conocimientos a la vez que me implico en su educación como persona. |  |  |  |  |
| 2. Tengo en cuenta su situación personal. Conozco el ambiente en el que se mueven fuera del aula. |  |  |  |  |
| 3. Ayudo a los estudiantes a conseguir una madurez personal y profesional. |  |  |  |  |
| 4. Estimulo y motivo al estudiante. |  |  |  |  |
| 5. Comento con otros profesores determinadas conductas de algunos estudiantes. |  |  |  |  |
| 6. Educo en valores. |  |  |  |  |
| 7. No critico. |  |  |  |  |

## MODELO 2 de la HERRAMIENTA ENSEÑAR PENSANDO
## NIVEL UNIVERSITARIO

CENTRO: ☐☐☐☐

CURSO: ☐☐

FECHA:

### INSTRUCCIONES PARA CUMPLIMENTAR LA ESCALA

Lea detenidamente cada una de las afirmaciones que a continuación se presentan y marque la casilla que corresponda según el caso:

1. Nunca
2. A veces
3. Casi siempre
4. Siempre

**Ejemplo:**

1. Tiene claros y definidos de antemano los objetivos de la asignatura.

| Nunca | A veces | Casi siempre | Siempre |
|-------|---------|--------------|---------|
| 1 | 2 | (3) | 4 |

En este ejemplo el profesor tiene BASTANTE claros y definidos los objetivos de la asignatura.

Esta escala no tiene límite de tiempo para su contestación. Lo importante es que las respuestas reflejen lo mejor posible tu manera de pensar, sentir, creer y actuar en todo lo relacionado con tu tarea docente y educativa.

## CONCEPTUALES

| | Nunca | A veces | Casi siempre | Siempre |
|---|---|---|---|---|
| 1. Tengo claros y definidos de antemano los objetivos de la asignatura. | | | | |
| 2. Estoy preparado, domino la materia. | | | | |
| 3. Transmito conocimientos más que demostrar lo que sé. | | | | |
| 4. Resuelvo dudas. | | | | |
| 5. Relaciono mi materia con otras que tiene el estudiante. | | | | |
| 6. Busco explicaciones de apoyo para aclarar cuestiones. | | | | |
| 7. Me renuevo en conocimientos, se pone al día en su materia. | | | | |
| 8. Me considero reflexivo y competente. | | | | |
| 9. Tengo vocación, me entusiasma la profesión de enseñar. | | | | |
| 10. Me considero modelo para otros. | | | | |

## PROCEDIMENTALES

| | Nunca | A veces | Casi siempre | Siempre |
|---|---|---|---|---|
| 1. Utilizo diferentes formas de enseñar lo que sé con el fin de que se me entienda. | | | | |
| 2. Fomento el ejercicio de pensar. | | | | |
| 3. Soy ordenado en la explicación, organizo el contenido en esquemas. | | | | |
| 4. Cumplo el programa. | | | | |
| 5. Aporto sentido aplicado de lo que explico. Pongo ejemplos de la vida. | | | | |
| 6. Las clases son dinámicas y participativas. | | | | |
| 7. Adapto los contenidos al nivel del alumnado y compruebo si los han entendido. | | | | |
| 8. Facilito el aprendizaje, atraigo la atención. | | | | |
| 9. Desarrollo el gusto por el conocimiento. Creo inquietudes para aprender. | | | | |
| 10. El examen se adecúa a lo que se ha dado en clase. | | | | |

| ACTITUDINALES | | | | |
|---|---|---|---|---|
| | Nunca | A veces | Casi siempre | Siempre |
| 1. Sencillo. | | | | |
| 2. Flexible. | | | | |
| 3. Tolerante. | | | | |
| 4. Comprensivo. | | | | |
| 5. Accesible. | | | | |
| 6. Soy dialogante, sé escuchar | | | | |
| 7. Doy seguridad. | | | | |
| 8. Tengo empatía, comprendo las necesidades del estudiante. | | | | |
| 9. Sé cuál es el lugar del profesor. | | | | |
| 10. Estimulo, motivo y refuerzo el esfuerzo del estudiante. | | | | |

## 6.5. RESUMEN

La **herramienta Enseñar Pensando** parte de las respuestas que nos facilitaron un total de 373 estudiantes del Curso de Aptitud Pedagógica (CAP) del curso académico 2003-04 a la pregunta: **«¿Qué características resaltarías de los buenos profesores que a lo largo de tu trayectoria como estudiante has tenido y que ahora pueden servirte como modelos?»**.

Con las frases literales con las que este grupo de estudiantes y futuros profesores de Secundaria definían a los buenos profesores que tuvieron a lo largo de su amplia trayectoria como estudiantes, elaboramos los ítems de la herramienta Enseñar Pensando.

Tras aplicarla a diferentes muestras de profesores y someter los datos cuantitativos a los respectivos tratamientos estadísticos, los resultados del análisis nos permitieron adecuar los factores a estas cuatro dimensiones:

- Conceptuales
- Procedimentales
- Actitudinales
- Educativas

En la herramienta Enseñar Pensando se diferencian dos modelos:

- **Modelo 1:** dirigido al profesorado de los niveles de Primaria y Secundaria-Bachillerato.
- **Modelo 2:** dirigido al profesorado de nivel Universidad.

**Ambos modelos son un instrumento de autoevaluación dirigido al profesorado y que puede guiarle en el proceso de revisión personal sobre su tarea docente ofreciendo la oportunidad de ir autocorrigiendo y adaptando los contenidos, los procedimientos y las actitudes a esa realidad cambiante que son los estudiantes.**

PENSANDO, el profesorado somete a juicio su personal actitud ante la tarea docente y educativa.

PENSANDO, el profesorado se mueve con el único interés de mejorar y revisar voluntariamente lo QUE enseña, a QUIÉN lo enseña y CÓMO lo enseña.

PENSANDO, analiza con autocrítica comparativa el contenido que presenta la herramienta con sus actitudes más frecuentes en la tarea diaria.

PENSANDO, evalúa el grado de adecuación de los aspectos conceptuales o teóricos y procedimentales o metodológicos con el grado de desarrollo, preparación y capacidad del alumnado al que imparte la materia. Autoevalúa el ritmo de la planificación, secuenciación y evaluación de la materia en el tiempo y el correspondiente desarrollo y aplicación de su proyecto docente.

Cada profesor, como sujeto activo, es el agente del cambio. Con el uso de la herramienta vuelve sobre sus pasos con el único fin de revisar y, si ha lugar, corregir los aspectos que considere convenientes.

Con el uso de la herramienta, se busca el desarrollo de tres objetivos:

1. Ganar mayores cotas de autoeficacia y competencia profesional que se manifiesta en la función educativa y mediadora de facilitar el aprendizaje óptimo de sus estudiantes.
2. Revisar la práctica de aquellas actitudes y disposiciones que facilitan el complejo proceso de interacción de significados compartidos con cada estudiante.
3. Promover en el alumnado la adquisición de estrategias generales de aprendizaje por medio de la práctica diaria de estrategias generales de enseñanza.

Cerramos estas líneas con la transcripción literal del siguiente comentario de un estudiante universitario: «Este proyecto se debería plantear al 99 % de los estudiantes porque te permite analizar, describir y corregir los errores que la mayoría cometemos en la forma de aprender».

Una vez expuesto el contenido y los resultados del proyecto Aprender Pensando queremos exponer, a modo de epílogo y como conclusión general, la importancia de introducir en la práctica docente las herramientas Enseñar Pensando y Aprender Pensando. Su uso continuado facilita la adquisición de estrategias generales de enseñanza-aprendizaje en la medida en que guían al profesorado en la autorregulación de lo QUE enseña, a la vez que promueven la autorregulación en QUIEN aprende.

No tengo constancia de la existencia de algún otro instrumento o herramienta que promueva el entrenamiento y adquisición tanto de las estrategias generales de enseñanza como de las de aprendizaje pensando.

 Presentación marca Aprender Pensando

 Construcción de los modelos de la herramienta Aprender Pensando

 Modelo 1 de la herramienta Aprender Pensando, nivel de Primaria

 Modelo 2 de la herramienta Aprender Pensando, niveles de Secundaria-Bachillerato

 Modelo 3 de la herramienta Aprender Pensando, nivel de Universidad

 Familia y Escuela, no contradecirse

 El papel mediador de las familias

ADARRAGA, P. y ZACCAGNINI, J. L. (1994): *Psicología e inteligencia artificial.* Ed. Trotta. Madrid.

AITCHISON, J. (1992): *El mamífero articulado.* Ed. Alianza. Madrid.

ALLPORT, A. (1993): Attention and control: have we been asking the wrong questions? A critical review of twenty-five years. D. E. Meyer y S. Kornblum.

ALONSO-TAPIA, J. (1983): Atribución de la causalidad y motivo de logro. *Estudios de Psicología.* Vol. 16 (pp. 13-26).

*Attention and Performance XIV. Synergies in Experimental Psychology, Artificial Intelligence and Cognitive Neuroscience* (pp. 183-218). The MIT Press. Cambridge. D. E. Meyer y S. Kornblum.

AUSUBEL, D. P. y SULLIVAN, E. V. (1983): *El desarrollo infantil. Teorías. Los comienzos del desarrollo.* Ed. Paidós. Barcelona.

BADDELEY, A. (1986): *Working Memory.* Oxford University Press. Oxford.

BADDELEY, A. D. (1997): *Human Memory. Theory and Practice.* Ed. Taylor and Francis. London.

BANDURA, A. (1997). *Self-Efficacy. The Exercise of Control.* Ed. Freeman and Company. New Cork.

BERZAL, F., CORTIJO, F. J. y CUBERO, J. C. (2003): *Desarrollo profesional de aplicaciones Web con ASP.NET.*

BRONFENBRENNER, U. (1979): *The Ecology of Human Development: Experiments by Nature and Design.* Harvard University Press. Cambridge.

BRUNER, J. (1978): *El proceso mental en el aprendizaje.* Ed. Narcea. Madrid.

BRUNER, J. (1984): *Acción, pensamiento y lenguaje.* Recopilación de J. Linaza. Ed. Alianza. Madrid.

BRUNER, J. (1988): *Desarrollo, cognición y educación.* Ed. Morata. Madrid.

BRUNER, J. (1998): *Actos de significado más allá de la evolución cognitiva.* Ed. Alianza. Madrid.

BUGENTAL, J. F. T. (1965): *The Search for Authenticity.* Ed. Holt. New York.

CALLEJA, M.ª F. (1991): *Estudiantes.* Castilla Ediciones. Valladolid.

CALLEJA, M.ª F. (1993a): *Prevención Educativa: Desde la familia y la escuela.* Instituto de Ciencias de la Educación ICE. Universidad de Valladolid. VÍDEO.

CALLEJA, M.ª F. (1993b): *Prevención Educativa: Causas del uso y abuso de drogas y alcohol en los jóvenes.* Instituto de Ciencias de la Educación. ICE, Universidad de Valladolid. VÍDEO.

CALLEJA, M.ª F. (1994a): *Prevención de drogodependencias. Modelo educativo y proyecto comunitario.* Ediciones Hespérides. Salamanca.

CALLEJA M.ª F. (1994b): *Entrenamiento en autocontrol.* Instituto de Ciencias de la Educación. ICE, Universidad de Valladolid.

CALLEJA, M.ª F. (2005): *Aprender Pensando. Nivel universitario. Resolución de problemas aplicado al aprendizaje permanente: planes, metas y autorregulación.* Ed. Maxtor. Valladolid.

CALLEJA, M.ª F. (2005): *Learning through thinking: Self-assessment tool to measure personal variables.* European Research Network about Parents in Education (ERNAPE). International Conference 2005. Oviedo.

CALLEJA, M.ª F. (2006): *Aprender Pensando.* Junta de Castilla y León. Valladolid.

CALLEJA, M.ª F. (2008): *Aprender Pensando. Validez de la herramienta.* Servicio de Publicaciones. Universidad de Valladolid.

CALLEJA, M.ª F., CALLEJA, I. y MAÑANES, I. (2009): *The mediatior family role concerning children's learning.* European Research Network about Parents in Education (ERNAPE). International Conference 2009. Mälmo.

CALLEJA, M.ª F., CLAVEL, L. y PASCUAL I. (2020): *Jóvenes y abuso de alcohol: educar paso a paso en prevención.* Amazon.

CALLEJA, M.ª F., MAÑARES, I., MORO, Q. I., SIMÓN, M.ª A. y CALLEJA, M.ª A. (2011): *Adaptación a formato electrónico de la Herramienta Aprender Pensando* (HAPu). Actas del VI Congreso Internacional de Psicología y Educación. (pp. 6529-6536). Valladolid.

CALLEJA, M.ª F., ORTEGA, T., CALLEJA, I., ARIAS, B. y CRESPO, M. T. (2007): *Determinantes psicológicos del rendimiento académico en matemáticas.* Junta de Castilla y León. Valladolid.

CANNON, W. B. (1939): *The Wisdom of the Body.* Ed. W. W. Norton. New York.

COLL, C. (1984): Estructura grupal. Interacción entre alumnos y aprendizaje escolar. *Infancia y aprendizaje.* Vol. 27 (pp. 28,119-138). Ed. Taylor & Francis. London.

COLL, C. (1988): Significado y sentido en el aprendizaje escolar. Reflexiones en torno al aprendizaje significativo. *Infancia y aprendizaje.* Vol. 41 (pp. 131-142). Ed. Taylor & Francis. London.

COLL, C., PALACIOS, J. y MARCHESI, A. (1992): *Desarrollo psicológico y educación II.* Ed. Alianza. Madrid.

DELCLAUX, I. y SEOANE, J. (1982) Psicología cognitiva y procesamiento de la información. En *Psicología cognitiva y procesamiento de la información* ZACCAGNINI, J. L. y DELCLAUX, I. (pp. 39-61). Ed. Pirámide. Madrid.

ENTWISTLE, N. (1988): *La comprensión del lenguaje en el aula*. Ed. Paidós. Barcelona.

EVJEN, B. y HANSELMAN, S. (2009). *ASP.NET 3.5 SP1*. Ed. John Wiley & Sons. New Jersey.

FERNÁNDEZ-ABASCAL, E. G., MARTÍN DÍAZ, M. D. y DOMÍNGUEZ SÁNCHEZ, J. (2001): *Procesos psicológicos*. Ed. Pirámide. Madrid.

FESTINGER, L. (1954): A theory of social comparisons processes. *Human Relations*. Vol. 7 (pp. 117-140).

FLAVELL (1978): Metacognitive development. En *Structural/Process Models of Complex Human Behavior*. SCANDURA, J. M. and BRAINERD, C. J. (pp. 213, 245). Sijithoffi y Noordhoff. Alphen a.d. Rijn. The Netherlands.

FLAVELL, J. H. (1987): Speculations about the Nature and Development of Metacognition. En *Metacognition, Motivation and Understanding*. WEINERT, F. E. and KLUWE, R. (pp. 21-30). Lawrence Erlbaum Associates. Hillsdale. New Jersey.

GONZÁLEZ, J. y WAGENNAR, R. (2003): *Tuning Educational Structures in Europe*. Informe final.

GORDON, C. (1968): Self conceptions: configurations of content. En *The self in social interaction*. Vol. 1. Gordon, C. y Gergen, K. J. Ed. John Wiley & Sons. New Jersey.

GREENO, J. G. (1978): Nature of problem-solving abilities. En *Handbook of Learning and Cognitive Processes. Vol. 5: Human information processing*. ESTES, W. K. (pp. 239-270). Rockefeller University. Hillsdale. New Jersey.

HEIDER, K. G. (1991): *Landcapes of Emotion: Mapping Three Cultures of Emotion in Indonesia*. Cambridge University Press. New Yok.

HULL, C. L. (1920): Quantitative aspects of the evolution of concepts: An experimental study. *Psychological monographs*, 28, núm. 123, completo.

JAMES, W. (1980): *Principles of Psychology*, Vol.1-2. Ed. Henry Holt. New York. Traducción Fondo de Cultura Económica (1989).

KAHNEMAN. D. (1973): *Attention and Effort*. Englewood Cliffs. Prentice-Hall. New Jersey.

LAZARUS, R. S. (1999): *Stress and Emotion: A new synthesis*. Springer Publishing Co. New York.

LEONTIEV, A. (1978): *Actividad, conciencia y personalidad*. Moscú. Prentice-Hall. New Jersey.

L'ECUYER, R. (1985): *El concepto de sí mismo*. Oikos-Tau Ediciones. Barcelona.

LEVENSON, R. W. (1994): Human Emotion: A Functional View. En *The nature of emotion: Fundamental questions*. P. Ekman y R. J. Davidson. (pp. 123-126). Oxford University Press. New York.

LEVY, R. I. (1973): *The Tahitians: Mind and Experience in the Society Islands*. University of Chicago Press.

LOGAN, G. D. (1988): Toward an Instance Theory of Automatization. *Psychological Review*. Vol. 95 (pp. 492-527).

MARTI, E. (2000): Metacognición. Estrategias de aprendizaje. En *El aprendizaje estratégico*. POZO, J. L. y MONEREO, C. Aula 21. Santillana. Madrid.

MASLOW, A. H. (1955). *Deficiency motivation and growth motivation*. (Nebraska Symposium on Motivation. JONES, M. R.) (pp. 1-30). University of Nebraska Press. Lincoln Campus.

MASLOW, A. H. (1971): *The Farther Reaches of Human Nature*. Viking Press. New York.

*Materiales para la reforma: Orientaciones didácticas*. (1992). Centro de Publicaciones. Ministerio de Educación y Ciencia. Madrid.

METTAN, G. R. y ADAMS, L. B. (1994): How to prepare an electronic version of your article. En *Introduction to the electronic age*. JONES B. S. y SMITH, R. Z. (pp. 281-304). E-Publishing Inc. New York.

MILLER, G. A., GALLANTER, E., PRIBRAM, K. (1960, 1983). *Planes y estructuras de la conducta*. Debate. Madrid.

MINISTERIO DE EDUCACIÓN Y CIENCIA. (1989a): *Diseño curricular base*. M. E. C. Madrid.

MINISTERIO DE EDUCACIÓN Y CIENCIA. (1989b): *Libro blanco para la reforma del sistema educativo español*. M. E. C. Madrid.

MINISTERIO DE EDUCACIÓN Y CIENCIA. (1989c): *Plan de investigación educativa y de formación del profesorado*. M. E. C. Madrid.

MINISTERIO DE EDUCACIÓN Y CIENCIA. (1989d): *Proyecto para la reforma de la enseñanza. Propuestas para debate*. M. E. C. Madrid.

MINISTERIO DE EDUCACIÓN Y CIENCIA. (1992): *Modalidades de actuación del sistema de orientación y apoyo*. M. E. C. Madrid.

MISCHEL, W. (1968): *Personality and Assessment*. John Wiley & Sons. New York. Traducción Trillas (1972).

MISCHEL, W. (1976): *Introducción a la personalidad*. Interamericana. México.

MISCHEL, W. (1977): On the Future of Personality Measurement. *American Psychologist*. Abril (pp. 246-253).

MISCHEL, W. (1981): A Cognitive-social Learning Approach to Assessment. En *Cognitive Assessment*. MERLUZZI, T. V., GLASS, C. R. y GENEST M. (pp. 479-502). The Guilford Press. New York.

MISCHEL, W. (1990): Personality Revisited and Revised: A View after Three Decades. En *Handbook of Personality Psychology: Theory and Research*. PERVIN, L. (pp. 111-134). Guilford Press. New York.

MISCHEL, W. (1996): From Good Intentions to Willpower. En *The Psychology of Action. Linking Cognition and Motivation to Behavior*. GOLLWITZER, P. M. y BARGH, J. A. (eds.) (pp. 197-218). Guilford Press. New York.

MISCHEL, W. y SHODA, Y. (1995): A Cognitive-Affective System Theory of Personality: Reconceptualizing Situations, Dispositions, Dynamics and Invariance in Personality Structures. *Psychology Review*. Vol. 102 (pp. 246-268).

MORA, F. (1995): *El problema cerebro-mente*. Ed. Alianza. Madrid.

MULTON, K. D., BROWN, S. D. y LENT, R. W. (1991): Relation of Self-Efficacy Believes to Academia Outcomes: A Meta-Analytic Investigation. *Journal of Counseling Psychology*. Vol. 18 (pp. 30-38).

NEWEL, O. y SIMON, H. A. (1972): *Human problem solving*. Englewood Cliffs. Prentice-Hall. New Jersey.

PINTRICH, PR. y DE GROOT, E. V. (1990): Motivational and Self-Regulated Learning Components of Classroom Performance. *Journal of Educational Psychologist*. Vol. 26 (pp. 199-242).

POZO, J. I. (1997): *Teorías cognitivas del aprendizaje*. Ed. Morata. Madrid.

POZO, J. I. y MONEREO, C. (2000): *El aprendizaje estratégico*. Aula 21. Santillana: Madrid.

RESNICK, L. B. (1987): Educational and learning to think. National Academy Press. Washington DC.

RUMELHART, D. E, McCLELLAD, J. L. y PDP Research Group (1986): *Parallel Distributed Processing: Explorations in the Microstructure of Cognition*. MIT Press. Cambridge.

RUMELHART, D. E. y NORMAN, D. A. (1981): Analogical processes in learning. En *Cognitive Skills and Their Acquisition*. ANDERSON, J. R. Lawrence Erlbaum Associates. Hillsdale. New Jersey.

SALOVEY, P. y MAYER, J. D. (1990): *Emotional intelligence. Imagination, Cognition and Personality*. Vol. 9 (pp.185-211). Baywood Publishing Co. New York.

SELIGMAN, M. E. P. (1970): On the Generality of Laws of Learning. *Psychological Review*. Vol. 77 (pp. 406-418).

SIERRA, M. y CALLEJA, Ma. F. (2007): *Estudio de evaluación de las Matemáticas en Castilla y León. Resumen de las Líneas de Investigación I y II*. Junta de Castilla y León. Valladolid.

SIFFRIN, R. M. y SCHNEIDER, W. (1984): Automatic and controlled processing revisited. *Psychological Review*. Vol. 91 (2) (pp. 269279).

SIMON, H. A. (1978): Information Processing Theory of Human Problem Solving. En *Handbook of Learning and Cognitive Processes*, Vol. 5. ESTES, W. K. (pp. 271-295). Rockefeller University. Hillsdale. New Jersey.

SKINNER, B. F. (1953): *Science and Human Behavior*. Ed. MacMillan. New York.

SKINNER, B. F. (1963): Behaviorism at Fifty. *Science*. Vol. 140 (pp. 951-958).

STERLING, G. R., YEISLEY-HYNES, LITTLE, S. G. y CATER, J. R. (1992): The effects of initial level of self-esteem, gender and task outcome on causal attribution and affective arousal. *The Journal of Social Psychology*. Vol. 132 (pp. 561-564).

STUFFLEBEAM y SINKFIELD (1987): *Evaluación sistémica*, (p. 183). Paidós-MEC. Barcelona.

TREISMAN, A. M. (1969): Strategies and models of selective attention. *Psychological Review*. Vol. 76 (pp. 282-299).

TREISMAN, A. M. y GELADE, G. (1980): A Feature-Integration Theory of Attention. *Cognitive Psychology*, Vol. 12 (pp. 97-136).

TURNER, J. C., THORPE, P. K. y MEYER, D. K. (1998). Students' Reports of Motivation and Negative Affect: A Theorical and Empirical Analysis. *Journal of Educational Psychology*. Vol. 90 (pp. 758-771).

VAN der GEER, J., HANRAADS, J. A. y LUPTON, R. A. (2000): The Art of Writing a Scientific Article. Journal of Scientific Comunication. Vol. 163 (pp. 51-59).

VYGOTSKI, L. S. (1990): *Obras escogidas*. Vols. I, II y III. Aprendizaje Visor. Madrid.

WEINER, B. (1978): A Theory of Motivation for some Classroom Experiences. *Journal of Educational Psychology*. Vol. 71 (pp. 3-25).

WEINER, B. (1986): *An Attributional Theory of Motivation and Emotion*. Springer-Verlag. New York.

WITTROCK, M. C. (1986): *Handbook of Research on Teaching*. Ed. McMillan. New York.

ZACCAGNINI, J. L. y DELCLAUX, I. (1982): *Psicología cognitiva y procesamiento de la información*. Ed. Pirámide. Madrid.

ZILLER, R. (1973): *The Social Self*. Pergamon Press. New York.

ZIMMERMAN, B. (1989): A Social Cognitive View of Self-Regulated Academic Learning. *Journal of Education Psychology*. Vol. 81 (pp. 329-339).

ZIMMERMAN, B. (2000): Attaining Self-Regulation. A Social Cognitive Perspective. En *Handbook of self-regulation*. BOEKAERTS, M., PINTRICH, P. R. y ZEIDNER, M. Academic Press. California.

# ESCRIBO EN MI DIARIO
# CÓMO APRENDO PENSANDO

Estrategias generales de aprendizaje
para estudiantes de 5.º y 6.º de Primaria

No llega antes el que va más rápido,
sino el que sabe dónde va.

SÉNECA

# ESCRIBO EN MI DIARIO CÓMO APRENDO PENSANDO
## Estrategias generales de aprendizaje para estudiantes de 5.º y 6.º de Primaria

## 1. INTRODUCCIÓN

Hola, tal vez no me conozcas, por eso empezaré presentándome. Me llamo M.ª Francisca y soy maestra y profesora titular de Psicología en la universidad. A lo largo de estas páginas me dirijo a vosotros, estudiantes de 5.º y 6.º de Primaria con tres objetivos:

- Con el primer objetivo, pretendo informar sobre el «programa Aprender Pensando: estrategias generales de aprendizaje», que apliqué en el aula durante varios cursos académicos a estudiantes de 5.º y 6.º de Primaria.
- Con el segundo objetivo, a través de este medio, me propongo ofrecer la posibilidad de aplicar el programa Aprender Pensando a todos aquellos estudiantes de 5.º y 6.º de Primaria que, en este momento, tengan interés en mejorar su rendimiento académico.
- Con el tercer objetivo, os quiero ofrecer la oportunidad de entrenaros en la adquisición de estrategias generales de aprendizaje, invitándoos a todos a participar en ella.

Esta breve publicación consta de tres partes.

En la primera, de forma práctica y muy resumida, se presenta el programa Aprender Pensando. La aplicación de este programa promueve el éxito académico a la vez que evita el fracaso escolar por medio del entrenamiento en la adquisición de estrategias generales de aprendizaje.

En la segunda parte se presenta el modelo 1 de la herramienta Aprender Pensando. Este modelo, específico para los estudiantes de 5.º y 6.º de Primaria, es el resultado de una larga investigación y ha demostrado ser un instrumento útil y valido en el entrenamiento para la adquisición de estrategias generales de aprendizaje.

En la tercera parte, las hojas de papel están en blanco. Ese es *tu diario*. Ahí el protagonista eres tú, en ese espacio dejarás la huella escrita que hable del interés con el que te propones cada día llegar a ser estudiante estratégico. En él dejarás constancia escrita de cómo aprendes cuando *aprendes pensando*.

*Escribo en mi diario cómo aprendo pensando* es el libro del estudiante, en él se sugieren las actividades que le facilitan la adquisición de estrategias generales de aprendizaje. Se concibe como material complementario al manual dirigido a las familias y profesorado con el título: *Aprender Pensando. Estrategias generales de enseñanza aprendizaje.*

## 2. PRIMERA PARTE: DESCRIPCIÓN DEL PROGRAMA APRENDER PENSANDO

Durante muchos años, como profesora, tuve la oportunidad de aplicar en el aula el programa Aprender Pensando a diferentes muestras de estudiantes. Con su desarrollo, les ofrecí la oportunidad de entrenarse en la adquisición de estrategias generales de aprendizaje.

Trabajé con una muestra total de 5342 estudiantes, de los cuales 576 eran estudiantes de 5.º y 6.º de Primaria, 2480 estudiaban diferentes cursos de Secundaria-Bachiller y 2286 estaban matriculados en distintos cursos de diferentes grados universitarios.

A todos los unía el interés por conseguir el doble objetivo de evitar el fracaso escolar a la vez que obtener éxito en su rendimiento académico. Y, ¿sabes?, juntos lo conseguimos.

Puede que, después de leer lo anterior, te hayas preguntado: «¿Y cómo lo hicisteis?». Bueno, pues, si te interesa saber cómo, te diré que sobre eso tratará esta primera parte. Así que, a lo largo de estas páginas, con el objetivo de contestar a tu pregunta, me propongo comentar lo que hicimos en el aula, en concreto con los estudiantes de 5.º y 6.º de Primaria. Intentaré exponerlo con un lenguaje claro y lo más sencillo posible.

Mi contestación, como ya te he adelantado, se centrará únicamente en el trabajo realizado con los estudiantes de 5.º y 6.º de Primaria. Te comentaré lo que yo les decía a ellos en clase para mejorar su aprendizaje-pensando.

Y transcribiré también algunas de las frases textuales que ellos compartían conmigo y con las que me hacían partícipe de su proceso de cambio a medida que lograban poner en práctica lo que yo les explicaba en clase. Al leer esas frases, ahora vosotros tendréis la oportunidad de conocer lo que hacían, cómo lo hacían y cómo se sentían al conseguir las pequeñas metas que cada día se proponían.

En aquel momento ellos fueron los protagonistas, ahora los protagonistas sois vosotros. A partir de aquí sois el centro de mi intervención, a vosotros me dirijo y os dedico estas páginas.

### 2.1. EVALUACIÓN INICIAL

Me imagino que estamos en clase, me imagino que estáis ahí, que os tengo delante y, por eso, ahora que estoy con vosotros, en concreto contigo, estudiante de 5.º o de 6.º de Primaria, lo primero que os pregunto a cada uno es: «¿Pero de verdad quieres mejorar tu forma de aprender?».

Si a mi pregunta has contestado con un «Sí», entonces yo solo tengo una respuesta que darte, mi respuesta es: «¡Pues venga, vamos, vamos juntos a intentarlo!».

Ellos estudiaban lo mismo que tu estudias ahora y en aquel momento ellos se sentían como tú te sientes ahora: con ganas de mejorar su rendimiento académico. Si ellos lo lograron, tú también puedes conseguirlo.

Vamos juntos a intentarlo. La práctica que ahora comenzamos consiste en aplicar un programa al que hace muchos años titulé programa Aprender Pensando. Lo llamé así porque su objetivo general es entrenar al estudiante en pensar cómo aprende. El estudiante, al pensar, se pregunta: «¿En qué puede mejorar mi aprendizaje?». Al responder el estudiante analiza los hábitos que puede mejorar cuando aprende y, pensando, se pregunta: «¿Cómo puedo lograrlo?».

Ahora os propongo a cada uno de vosotros que contestéis a la misma pregunta: ¿en qué puede mejorar tu aprendizaje? Primero piensa sobre ello y a continuación escribe la respuesta en *tu diario*, así comienzas a dejar huella de los pasos que darás mientras avanzas en tu personal camino de mejorar tu aprendizaje cuando *aprendes pensando*.

Así, de esta forma tan sencilla, hemos comenzado esta nueva experiencia. Así es como has empezado a entrenarte en la práctica de pensar y, pensando cada día, irás dando un paso más en este apasionante camino que acabas de iniciar.

Pisa firme, no dudes. Si vas en la dirección que marca este camino, llegarás directo a la meta y conseguirás con toda seguridad el deseado éxito académico.

Recuerda que no estás solo, yo iré contigo, te llevaré de la mano y te indicaré cómo avanzar y tú, poco a poco, te implicarás cada día un poquito más. Tu tarea consiste en ir despacio, de vez en cuando pararte y, en silencio, dedicar unos minutos a pensar.

Por favor centra tu pensamiento en reflexionar sobre tu aprendizaje. ¿En qué puedes mejorar tu forma de aprender?

Al pensar: reflexiona, revisa, evalúa y juzga tu aprendizaje pensando.

Al analizarlo despacio, puedes detectar todo lo que puedes mejorar y cómo lo vas a lograr. De esta forma es como empiezas a planificar, a evaluar lo propuesto y a conocer el estado de satisfacción que sientes al comprobar que gracias a tu esfuerzo lo has conseguido. El resultado de todo ello lo dejas por escrito en *tu diario*: son tus huellas al andar.

Cuando yo pregunté a los estudiantes con los que trabajé en que podían mejorar su aprendizaje, la mayoría de las respuestas coincidían en que podía hacerlo en lo siguiente:

1. Su estudio diario, porque la mayoría de las veces se limitaban a hacer los ejercicios o actividades sin estudiar antes el tema que ese día se había explicado en clase. Por eso acumulaban materia sin estudiar y, cuando llegaba el examen, se sentían nerviosos, inquietos e inseguros ante todo lo que tenían pendiente de estudiar.
2. Me decían que se hacían planes, e incluso buenos planes, pero que la mayoría de las veces, no los cumplían.
3. Y, además, para casi todos el mayor problema estaba en las muchas distracciones que tenían, tanto en clase como en casa, cuando estaban estudiando.

Ahora compara tu respuesta con las suyas que anteriormente te he expuesto y contesta en *tu diario*.

## 2.2. OBJETIVOS

Vamos a proponernos los mismos objetivos que en su día les planteé a ellos. Su desarrollo y aplicación les ayudó a superar los malos hábitos que querían cambiar en su forma de aprender por medio de los siguientes objetivos:

1.º. Estudiar cada día lo que se haya explicado en clase.

2.º. Organizar lo que se tiene que hacer cada día, planificar por dónde se va a empezar y por dónde se va a seguir hasta terminar. Si me permites, yo te doy un pequeño consejo: comienza siempre por lo más sencillo o por lo que vas a tardar poco tiempo en terminar. Así, cuando piensas en todo lo que falta por hacer, enseguida ves que ya has avanzado, ves que ya falta menos.

3.º. Planificar pequeñas metas diarias.

4.º. Controlar distracciones para conseguir las metas fijadas. No te detengas en la distracción. Escribe en un papel y luego piensas en ello.

5.º. Al terminar de estudiar, espera sentado un segundo y escucha esa voz interior que te informa sobre la emoción que sientes cuando, con esfuerzo, ese día has conseguido las metas que te propusiste para controlar las distracciones.

Estos cinco puntos son necesarios, pero también te diré que son suficientes, con esos cinco puntos basta, si lo que quieres es llegar a ser *estudiante estratégico*. Te diré más: lo lograrás sin ninguna duda porque en esos cinco puntos se encierra el contenido necesario en el que hay que centrar la atención y poner cada día un poquito más de interés, voluntad y esfuerzo al adquirir las estrategias generales de aprendizaje necesarias para evitar el fracaso escolar.

## 2.3. APRENDER CON ATENCIÓN

Una vez más te recuerdo que el primer paso comienza con la pregunta que les hice a ellos el primer día de clase y que ahora te repito a ti: «¿En qué puedes mejorar tu forma de aprender?».

Aquí, por favor, deja de leer, párate a pensar. Piensa, revisa, reflexiona, escúchate y después estrena *tu diario* y en él escribe el contenido de lo que has pensado, escribe tu respuesta a mi pregunta.

De ahí se deriva el título de esta publicación: *ESCRIBO EN MI DIARIO CÓMO APRENDO PENSANDO.*

Si has contestado ya en *tu diario* entonces continuamos; si no, esperamos a que termines de contestar.

Ahora que ya has contestado, vamos a iniciar el segundo paso, que consiste en pensar sobre el proceso de la atención, y aquí te formulo dos preguntas:

1.ª. ¿Puedes mejorar tu atención en clase?

2.ª. ¿Puedes mejorar tu atención cuando estudias y haces las actividades tanto en clase como en casa?

Vamos a ver, vamos a analizar si tu atención en clase puede mejorar. Piensa y contesta a la siguiente pregunta: «Cuando estás en clase, ¿alguna vez te distraes?». Vamos, que, casi sin darte cuenta, durante la explicación, dejas de escuchar. Oír, oyes, pero no escuchas y, al no escuchar, no te enteras de lo que se ha explicado y entonces preguntas: «Profesor, por favor, ¿cómo es esto? Yo no lo entiendo».

Ahí, eres consciente de tu distracción, ahí te das cuenta de que tu atención la orientaste a pensar en otras cosas, como por ejemplo, en el futbol, en una excursión, en los amigos… o vete tú a saber en qué más. Vamos, que tu mente se fue a otro tema que nada tiene que ver con lo que en ese momento se estaba explicando en clase. ¿Te ha pasado esto alguna vez? Si me contestas que sí, entonces ya sabes lo que son las distracciones en clase.

Ahora vamos a ver qué pasa cuando estás estudiando, haciendo las actividades, la cuenta o los ejercicios. Vamos a ver qué pasa con tu atención en ese momento y te pregunto: ¿alguna vez, casi sin darte cuenta, en ese momento tu atención se va? Juegas con el boli, con la goma o con los dedos; haces dibujos o te quedas *empanado* mirando las ilustraciones del libro, o empiezas a tocarte el pelo o piensas en la televisión, en la tableta, en el teléfono… En esos momentos dejas de leer o de hacer la cuenta, y ahí estás no se sabe cuánto tiempo. Si me has contestado que sí, entonces también sabes lo que son las distracciones en el tiempo de estudio.

Ahora escúchame, por favor, mientras te distraes pensando en todas esas cosas, el tiempo va pasando, pero tú no avanzas en las tareas. Con las distracciones tardas más tiempo en terminar lo que tienes que hacer ese día, tú sigues distraído, tú sigues ahí sentado en la silla dejando pasar el tiempo y al cabo de un rato empiezas a tener la sensación de estar cansado, cansado hasta de estar sentado sin hacer nada.

Si me has contestado que sí en ambas preguntas, ahí tenemos una de las claves en las que tu aprendizaje puede y debe mejorar. Para que prestes más atención es necesario controlar las abundantes distracciones en las que te entretienes tanto cuando estás en clase como cuando en casa estudias o haces los deberes.

Tengo que reconocer que a los estudiantes con los que trabajé les pasaba lo mismo, tenían muchas distracciones, pero tengo que recordarte que ellos consiguieron controlarlas cuando trabajaban tanto en clase como en casa.

En algún momento algún estudiante dijo en clase: «Lo más importante es estudiar el tema que te explican en clase cada día, pero lo que más cuesta es controlar las distracciones».

Voy a poneros un ejemplo, el mismo que les puse a ellos. Vamos juntos a recordar lo que hacías cuando intentabas aprender a andar en bici, ¿recuerdas? Dabas pedales con miedo, el manillar se te iba para todos los lados, mirabas fijo al suelo y enseguida tenías que apoyar un pie para evitar la caída. Tú en aquel momento tenías mucho interés, tenías muchas ganas de aprender a andar con la bici y por eso lo intentabas una vez y otra y otra, un día y otro y otro. Te esforzabas porque te costaba, pero ponías voluntad en ese entrenamiento un día y otro, te fijabas en cómo lo hacían otros niños y también en lo que aprendías cada día. Y así, poco a poco, día tras día, ganabas equilibrio y cogías seguridad en los nuevos hábitos adquiridos.

Todo eso te ha permitido llegar al momento actual y manejar la bici como lo haces: de forma automática sin necesidad de pensar qué hacer para llevar recto el manillar. Ya has aprendido, has adquirido un hábito y andas con la bici en modo automático, ahora no te cuesta trabajo, no te exige esfuerzo, por eso la atención está en modo automático.

Ahora nos vamos a imaginar otro ejemplo, otro momento que también muestra la atención en modo automático. Me refiero, entre otras, a las siguientes situaciones: a cuando ves una película o estás entretenido con un juego que te has bajado de la tableta o ves un partido del deporte que más te gusta. Dime, ¿verdad que en esos momentos no te distraes?

Recuerda, en esas situaciones hay colores, dibujos en movimiento, música… Todo eso son estímulos que alertan y atraen tu atención a lo que ves y escuchas sin distraerte porque, como te gustan, atrapan tu atención sin costarte esfuerzo.

Los ejemplos anteriores nos ayudan a comprender en qué consiste la atención. Te diré que es un proceso que se activa cuando estamos despiertos y conscientes, y que nos mantiene en un estado de alerta mientras realizamos las diferentes tareas.

La atención nos permite dirigir, orientar y controlar voluntariamente nuestra mente en todo aquello que pensamos y hacemos en cada momento.

Vamos a poner otro ejemplo que os ayude a comprender todo esto. Imagínate ahora que vas a entrar por primera vez en una habitación que está completamente a oscuras. Al entrar no ves nada. Entonces, recuerdas que llevas en el bolso una linterna, la coges, la enciendes y diriges el foco de luz en las cuatro direcciones. Eso te permite ver lo que hay a la derecha, a la izquierda, lo que hay arriba, en el techo, y lo que hay abajo, en el suelo. Con esa información te puedes orientar y evitar obstáculos porque al ver conoces lo que hay en la habitación.

Bueno, pues la luz de la linterna representa la atención. Solo podemos aprender si atendemos, si enfocamos la luz de la linterna llamada *atención*. Ella nos permite ver con claridad, comprender lo que nos explican o entender los ejercicios que tenemos que hacer, la atención nos da luz para superar la oscuridad de algo que nos cuesta aprender.

Con las distracciones, el foco de la luz de la atención se dirige en otra dirección de lo que se está explicando en clase o de lo que estás estudiando. La mente se va a otra cosa que nada tiene que ver y así es imposible comprender lo que tienes que aprender.

Recuerda qué pasaba en el ejemplo de la habitación oscura, ¿quién llevaba la linterna? Eras tú, ¿no? Tú eras el que llevaba la linterna. Así que no lo olvides y recuerda siempre que tú eres el que llevas contigo el poder de la luz de la atención. El que tiene la linterna eres tú. Puedes apagarla, encenderla y dirigirla en la dirección de lo que te interesa ver para aprender con claridad.

Eres tú quien dirige la luz de tu atención, luego depende de ti. Tú eres el que tiene el poder para dirigir la atención hacia lo que estás haciendo, y ese poder se llama voluntad.

Recuerda aquella voluntad que ponías esforzándote cada día un poco más cuando tenías interés en aprender a andar en bici.

Solo hace falta que quieras, que te intereses por lo que se explica en clase y con esfuerzo pongas tu voluntad para centrar tu atención y dirigir su luz a lo que se explica escuchando lo que oyes, mirando lo que ves y atendiendo lo que lees.

El resumen de todo esto es que hemos identificado la atención como la luz de la linterna que cada uno puede dirigir en la dirección de lo que más le interese aprender.

Cuesta, sí. Como te costaba aprender a andar en bici. Pero con interés aplicaste tu voluntad y con un pequeño esfuerzo diario lograste conseguir andar con la bici, y ahora lo haces de modo automático.

En este punto de inicio en el que nos encontramos, queremos resolver el problema de las abundantes distracciones y desde ese punto de partida pretendemos llegar a la meta de controlar las distracciones, para lo cual hay que entrenarse en hacer planes, programar metas pequeñas y controlar las distracciones por medio de la autorregulación de la atención. Otros estudiantes decían: «Mientras estudio no me distraigo con bobadas, así termino antes y tengo tiempo para hacer lo que quiero».

Desde el punto de inicio o punto de partida hasta llegar a la meta tienes que recorrer un camino donde no hay colores, ni música, ni imágenes en movimiento que te atrapen la atención de forma automática. Se trata de poner tu atención de forma voluntaria, igual que cuando estabas aprendiendo a andar en bici. Tienes que querer esforzarte en dirigir la luz de tu atención a lo que se explica en clase o a lo que tienes que estudiar.

## 2.4. SIETE PELDAÑOS PARA CONSEGUIR LA META

El camino que hay que recorrer marca la distancia que hay desde el punto de partida a la meta. Andar ese camino nos permite llegar al destino y superar el problema. El camino es cuesta arriba y en él encontrarás siete peldaños que serás capaz de superar si pones de tu parte un pequeño esfuerzo diario.

Ahora vamos a hablar de algo muy importante, me refiero al proceso del pensamiento, que para el aprendizaje viene a ser un vehículo muy potente.

Este vehículo, igual que en el caso de la atención, igual que en el caso del interés, igual que en el caso de la voluntad, también está dentro de ti. Ese vehículo tiene mucha fuerza, pero hay que saberlo manejar.

Recuerda una vez más: cuando aprendiste a andar en bici, también te costaba, pero lo lograste porque cada día pusiste un poquito más de esfuerzo. Recuerda que primero fuiste en modo voluntario, tú tenías interés, querías aprender, hasta que aprendiste y a partir de ahí ya vas en modo automático.

Para llegar desde el punto de inicio o punto de partida hasta la meta hay que subir esos siete peldaños que te permiten solucionar el problema. A medida que subes cada uno de esos peldaños, te entrenas en aprender a manejar ese potente vehículo que está dentro de ti y que se llama pensamiento.

De la energía del pensamiento obtienes claridad, fuerza y ánimo para resolver el problema de las abundantes distracciones que tienes en el punto de partida.

De la energía de tu pensamiento obtienes mayor ánimo, interés e ilusión para conseguir las nuevas expectativas. En el esfuerzo que inviertes en el entrenamiento diario, al dirigir la luz de tu atención, es donde se fortalece tu voluntad. Ahí aprendes a manejar el potente vehículo del pensamiento que te ayuda a superar los peldaños del camino. Con pasos cada día más firmes y seguros, logras llegar directo a la deseada meta del controlar las distracciones.

Ahora nos vamos a detener un poquito en cada uno de esos siete peldaños que encontrarás y lograrás superar en este apasionante camino.

Sobre el primer peldaño ya hemos hablado: consiste en estudiar cada día lo que se explicó en clase ese día. Así que, ya sabes, cada día antes de hacer los ejercicios tendrás que estudiar el tema. Recuerda la importancia de contestar en *tu diario* a la pregunta: ¿estudié el tema y luego hice los ejercicios?

El segundo peldaño consiste en pensar cómo organizar lo que tienes que hacer ese día, por dónde empiezas y por dónde sigues hasta terminarlo, y en planificar pequeñas metas que sean fáciles de conseguir. A medida que consigues los objetivos que ese día te marcas, por muy pequeños que sean, aumentará en ti la energía con la que enfrentarte a las nuevas expectativas con ganas de salir adelante. Ganas de salir de esa sensación que tantas veces has tenido, donde te sientes como atascado, desorientado e incluso triste diciéndote: «No sé lo que tengo que hacer», «Yo no valgo para nada» o «Yo no sé hacer esto». Piensa y contesta cada día en *tu diario*: «¿Cumplí las metas que me propuse hoy?».

Vamos con el tercer peldaño. Una vez que has pensado lo que tienes que hacer, has organizado cómo lo vas a realizar y has planificado y definido las metas pequeñas que cada día te fijas para conseguir lo que te has propuesto, te preguntas: «¿Qué tengo que hacer para aprender más y tardar menos tiempo?».

En ese momento, para poder subir este tercer peldaño, recuerda: «Solo avanzo en mi aprendizaje si me esfuerzo y, con voluntad, enfoco la luz de mi atención».

Algún estudiante decía: «Para no distraerme en clase, copio en el cuaderno lo que explica el profesor». Otros afirmaban: «Como ahora controlo distracciones, cuando estudio, termino antes las tareas y tengo más tiempo para jugar». Piensa, analiza, reflexiona e intenta ponerlo tú también en práctica.

Para el cuarto peldaño, primero piensas y luego respondes a mi pregunta: ¿dónde quieres llegar al aprender pensando?

Si adonde quieres llegar es a la meta de resolver el problema de tantas distracciones, tal vez te ayude conocer cómo lo consiguieron otros estudiantes. Mira lo que se decían a sí mismos para conseguirlo:

- «Mientras estudio, me digo: "Tienes que seguir estudiando, esfuérzate, venga, vamos"».
- «Cuando atiendo en clase, me cuesta menos aprender el tema».
- «Cuando me distraigo, me digo: "Deja de pensar en tonterías y ponte a estudiar. Haz el resumen, lee, termina la cuenta"».

Tú ahora, como ellos entonces, también puedes controlar tus distracciones. Así es como te entrenas en desarrollar esa energía del poderoso vehículo que llevas dentro de ti y que se llama pensamiento. Acalla con fuerza las distracciones, dirige tu pensamiento hacia el aprendizaje y allí esfuérzate una y otra vez en enfocar la luz de tu atención.

Compartamos el quinto peldaño, que es de suma importancia.

Ya hemos visto la necesidad de esforzarte para apartar todo aquello que viene a tu mente y evitar las distracciones. Ahora ves la necesidad de estar alerta y, cuando viene la primera distracción, te vas a decir con fuerza: «¡Ahora eso no!».

Cuando te distraes, es como si intentaras avanzar pisando el freno de ese vehículo llamado pensamiento. Es cierto que el vehículo es muy potente, pero, con tantas distracciones, es como si lo condujeras con el freno pisado, y así es imposible avanzar. Tienes que aprender a manejarlo.

Levanta el pie del freno y acaricia el acelerador como lo hacías con los pedales de tu bici cuando estabas aprendiendo: de forma lenta pero continua. Así descubrirás cómo ese potente vehículo avanza suave pero firme. Esa firmeza representa la energía que sientes en tu interior cada día al esforzarte en controlar con voluntad esas continuas distracciones y conseguir las pequeñas metas que te propones cada día. Recuerda: metas pequeñas, posibles y fáciles de conseguir.

Está demostrado que siempre que se consigue una meta, por muy pequeña que sea, trae consigo una energía que deriva de la satisfacción por haberla conseguido y se llama motivación. La motivación se manifiesta en forma de impulso, es una fuerza interior que sientes y que te anima a abordar la siguiente meta.

Andar pasito a paso en lugar de dar brincos es la mejor manera de manejar ese potente vehículo llamado pensamiento que, día a día, por medio de la autorregulación y el control de las distracciones, te permite descubrir el motivo de logro porque tú mismo te asombrarás al ver lo logrado.

Al comprobar lo que gracias a tu esfuerzo consigues cada día, te acercas a una mayor autoeficacia, que no es más que la seguridad que adquieres en ti mismo al ver que sabes hacer lo que tienes que realizar.

Algún estudiante comentaba en clase: «Las distracciones son para mí como un angelillo malo. Cuando me vienen, escucho al angelillo bueno que me dice: "Mete al angelillo malo en una jaula, ciérralo con llave y, para que no salga, te guardas la llave en el bolso"».

Recuerda que el poder está en ti, tú eres el que tiene la linterna que enfoca su luz de la atención hacia lo que quieres aprender. Cuando te distraes, apagas la linterna. Entonces no tienes luz para aprender. Si andas a oscuras, estás desorientado, no sabes ni dónde estás ni a dónde vas, eso es lo que te pasa cuando te distraes.

Este quinto peldaño es definitivo y en él es donde te entrenas para poder alcanzar la meta de controlar todas las distracciones. Cuando te venga una distracción, apúntalo en un papel y, cuando termines de estudiar o cuando acabe la clase, entonces piensas en ello. No te detengas, no pises el freno, aprende a conducir ese poderoso vehículo que llevas dentro de ti. Verás cómo avanzas, verás cuánto tiempo ahorras para poder dedicarte a otras cosas que no sea estar delante del libro sin hacer nada. Descubrirás la emoción por la satisfacción de sentirte útil por el éxito que has conseguido.

Para el sexto peldaño nos situamos en el momento en el que has terminado de estudiar todos los días. Vas a dedicar un instante para pensar y te vas a preguntar: «¿Cómo me encuentro hoy que me he esforzado y he controlado las distracciones?».

Y a continuación describe en *tu diario* lo bien que te sientes cuando con interés y voluntad has logrado dirigir la luz de la linterna y has centrado tu atención en lo que se estaba explicando en clase o en lo que hacías cuando estudiabas.

En la medida en que te entrenas en aprender a conducir ese potente vehículo llamado pensamiento, descubres su energía llamada motivación que se manifiesta en la fuerza que sientes dentro de ti. Este es el impulso con el que has sido capaz de subir cada uno de los peldaños que te han permitido:

- Estudiar cada día lo que se explicó en clase sin acumular materia de estudio de cara a los exámenes.
- Controlar distracciones.
- Estudiar primero el tema y después hacer los ejercicios.
- Programarte diariamente metas pequeñas y fáciles de conseguir.

Para el séptimo peldaño, al terminar de estudiar todos los días, piensa y escribe en *tu diario* cómo te encuentras al haber conseguido las metas propuestas. Cuéntate a ti mismo cómo te sientes, cuéntatelo como si a un amigo se lo contaras y, así, diariamente, puedes comprobar que gracias a tu esfuerzo has dirigido tu atención. Gracias a tu fuerza de voluntad has descubierto la energía de tu motivación y gracias al poder de tu pensamiento has logrado superar los siete pasos que hay que dar en toda **solución de problemas**.

Ahora, como premio, sientes la emoción de la satisfacción por haber sido capaz de conseguirlo, ahora puedes y debes decirte de forma firme, fuerte y segura: «¡Lo logré, lo conseguí, yo puedo, yo quiero!...».

## 2.5. AUTOCONCEPTO Y AUTOESTIMA

Ahora trata de contestar a mis dos últimas preguntas:
1. ¿Cómo te ves a ti mismo?
2. ¿Qué es lo que más valoras de ti?

Como puedes comprobar, todo lo conseguido deja una huella que representa el efecto de lo logrado en la construcción de la imagen propia o autoconcepto. Es algo así como un poso que se construye en el fondo de tu interior y que tiene forma de cristal transparente que cambia de color según el momento emocional que estés viviendo. El color del cristal a través del cual te describes y valoras a ti mismo y a todas las personas que te rodean: familia, profesorado y compañeros.

Al escribir en *tu diario* lo contento que estás por conseguir cada día lo que te propones y al describir la emoción que sientes, con esa información, estás dejando huella diaria de cómo te ves y cómo te valoras. Es el encuentro contigo mismo reflejado en el espejo de tu autoconcepto.

Esa imagen propia del sí mismo, o autoconcepto, es con la que te describes cuando respondes a la pregunta: «¿Cómo me veo a mí mismo?». Pero, además de describirte, te asombras al ver que cada día te valoras más, te gustas más y eso precisamente representa tu autoestima.

Ahí lo tienes: con el autoconcepto te describes y con la autoestima te valoras.

En ambos pilares, autoconcepto y autoestima, se proyecta el éxito que has logrado cada día con tu esfuerzo. En ellos te apoyas de forma firme y segura en los sucesivos pasos que das al andar este apasionante camino. De ahí la importancia de dejar constancia escrita en *tu diario* sobre cómo aprendes cuando aprendes pensando.

Quiero decirte algo más: el cristal cambia de color. El color representa tu estado emocional dominante. Si es de satisfacción y serenidad o de insatisfacción, inquietud y nerviosismo. Luego ese color tiñe el cristal a través del cual, según sea la emoción que sientes en ese momento, según cómo te sientes, interpretas el ambiente y el mundo que te rodea.

Según esté tu estado de ánimo, así te describes, te valoras a ti mismo e interpretas las actitudes de las personas significativas que hay en tu ambiente, sea la familia, el profesorado o los compañeros. En ese ambiente, cada día te sentirás más adaptado, más querido y mejor aceptado tanto en lo familiar como en lo escolar.

## 3. SEGUNDA PARTE. APLICACIÓN DEL PROGRAMA APRENDER PENSANDO

### 3.1. ESTRATEGIAS GENERALES DE APRENDIZAJE

Como te decía en la primera página, el tema de las estrategias generales de aprendizaje ha sido una de las líneas de investigación en la que trabajé durante muchos años y con muchos estudiantes. El resultado de esa amplia investigación es la herramienta Aprender Pensando, que tiene tres modelos:

1. Modelo 1, para estudiantes de 5.º y 6.º de Primaria
2. Modelo 2, para estudiantes de Secundaria-Bachiller
3. Modelo 3, para estudiantes universitarios

Aquí solo nos referimos al modelo 1 de la herramienta Aprender Pensando por ser el específico para los estudiantes de 5.º y 6.º de Primaria.

Esta herramienta es un instrumento de autoevaluación que permite al estudiante acercarse al éxito académico a la vez que evita el fracaso escolar por medio del entrenamiento en la adquisición de estrategias generales de aprendizaje centradas en dos aspectos fundamentales:

1. La planificación diaria de pequeñas metas, concretas y posibles que facilitan acortar la distancia entre el punto de partida y la meta.
2. La autoevaluación diaria de los éxitos o fracasos y el consiguiente estado emocional, resaltando tanto los estímulos que han reforzado tu conducta como las expectativas derivadas de ello.

A continuación, os adjunto el modelo 1 de la herramienta Aprender Pensando, que, como ya os he adelantado, es el específico para los estudiantes de 5.º y 6.º de Primaria.

Todas las preguntas de este modelo de la herramienta Aprender Pensando son frases literales de los estudiantes de 5.º y 6.º de Primaria con los que en su día trabajé en el aula. Nos ofrecen información sobre los cambios que ellos consiguieron y cómo lo lograron. Informan sobre lo que piensan, creen y valoran de sí mismos y sobre lo que creen que sus padres y profesorado valoran y esperan de ellos respecto a la nueva dinámica de Aprender Pensando. En definitiva, reflejan el resultado conseguido por los estudiantes al someter a juicio su *aprendizaje pensando*.

Esta herramienta, como instrumento de autoevaluación, ahora sirve de guía a todos aquellos estudiantes de 5.º y 6.º de Primaria que tengan interés en mejorar su aprendizaje pensando. Los orienta en el pensar al reflexionar, analizar, organizar, planificar y decidir por dónde van a comenzar y después continuar cuando realmente deseen mejorar su aprendizaje pensando.

Como instrumento de autoevaluación te va marcando pautas que con el uso de autorreguladores y planes te facilitan convertir poco a poco la intencionalidad de la conducta; en definitiva, conseguir convertir lo propuesto en conducta real con nuevos hábitos.

Esta herramienta ayuda al estudiante a pensar cómo aplicar los siete pasos de la resolución de problemas. Con su uso continuado, el estudiante mejora su atención y aumenta su interés y esfuerzo en conseguir la meta del control de distracciones. Así mismo aumenta la energía de la motivación y todo ello se ve reflejado en la emoción positiva de la satisfacción ante la mejora conseguida en su rendimiento académico y proyectada en la construcción de su autoconcepto y autoestima.

El uso continuado de la herramienta Aprender Pensando como instrumento de autoevaluación permite al estudiante de 5.º y 6.º de Primaria aplicar a su aprendizaje la teoría de los distintos procesos psicológicos solo con pensar mientras aprende. El estudiante, al someter a juicio su aprendizaje pensando, convierte la teoría en la vida como práctica aplicada de la conducta estratégica.

Este instrumento de autoevaluación supone al estudiante un entrenamiento en la adquisición de estrategias generales de aprendizaje en relación con tres aspectos del pensamiento:

1. Evaluación de la persona, de la tarea y de la estrategia.
2. Planificación de la tarea de estudio en el tiempo.
3. Entrenamiento en autorregulación, entendida como la capacidad del sujeto para seguir con esfuerzo el plan trazado y comprobar su eficacia.

El modelo 1 de la herramienta Aprender Pensando proporciona al estudiante de 5.º y 6.º de Primaria un entrenamiento en la tarea diaria de ajustar sus acciones y metas para conseguir los resultados deseados a la vez que proporciona información sobre cómo lo hicieron otros estudiantes hasta llegar a conseguirlo con la práctica reiterada de los siguientes objetivos:

1. Analizar en qué debe mejorar su aprendizaje.
2. Definir metas pequeñas y posibles de conseguir.
3. Organizar la tarea diaria.
4. Escribir en el diario cómo se siente ante las metas conseguidas.

Con algunas de esas frases puede que te sientas identificado y te veas reflejado en ellas. En todas puedes comprobar cómo otros estudiantes se esforzaban cada día un poco más y poco a poco conseguían ponerlo en práctica y además puedes comprobar cómo se sentían a medida que cumplían las metas propuestas.

El modelo 1 de la herramienta Aprender Pensando debes pasártelo una vez a la semana, por ejemplo, los viernes. Así ves lo conseguido en ese período y a la vez te ayuda en la tarea de definir las metas pequeñas en las que trabajarás en la semana siguiente.

## ¡ÁNIMO, QUE LO LOGRARÁS!

En su día, cuando ayudé a otros estudiantes para mejorar su forma de aprender, nos propusimos trabajar juntos. Sí, ellos y yo. Pero desde aquí quiero dejar constancia de que también junto a nosotros estaban todo el grupo de clase y además se incluían el profesorado y las familias.

Trabajé en horario escolar en el aula con los estudiantes, y con el profesorado y con las familias en horario extraescolar. De esta forma nos propusimos entre todos abordar juntos la mejora del proceso de aprendizaje del estudiante y lo más importante es que juntos lo conseguimos.

Deseo que tengas la misma suerte.

En este proceso de cambio deben implicarse todos los agentes educativos. Ojalá que el profesorado desde su actividad docente con la práctica de estrategias generales de enseñanza, al *enseñar pensando* promueva en el alumnado las estrategias generales de aprendizaje a la vez que se fomenta la práctica de *aprender pensando.*

## 3.2. PRESENTACIÓN DEL MODELO 1 DE LA HERRAMIENTA APRENDER PENSANDO

**Fecha:**

## MODELO 1 de la HERRAMIENTA APRENDER PENSANDO
### Para 5.º y 6.º de Primaria

Datos del estudiante:

| Apellidos y nombre | Sexo<br>1. Hombre<br>2. Mujer | Edad | Curso | Centro |
|---|---|---|---|---|
|  |  |  |  |  |

### INSTRUCCIONES

A continuación, te presentamos la **herramienta Aprender Pensando**, que tiene por objeto identificar cinco variables:

1. Competencia
2. Codificación y categorización
3. Expectativas
4. Valoración subjetiva de la situación interna y externa
5. Autorreguladores y planes

Todas estas variables están relacionadas con tu forma de estudiar. En su conjunto, constituyen una estrategia general de aprendizaje y giran en torno a cómo actúas en cada uno de estos tres momentos:

- Antes de estudiar: planificar.
- Mientras aprendes: controlar distracciones.
- Después de estudiar: revisar resultados y actitudes.

Hemos recogido una serie de pensamientos y valoraciones de otros estudiantes y que tú puedes haber pensado y sentido con más o menos frecuencia o intensidad, lo cual hace que te satisfaga en mayor o menor medida todo lo relacionado con tu forma de aprender y con la forma en que actúan contigo tanto tu familia como tus profesores y compañeros.

Para ello, se han establecido cuatro grados posibles de frecuencia: nunca (1), a veces (2), casi siempre (3) y siempre (4).

Para contestar, lee la frase y, a continuación, rodea el número que mejor se ajusta a tu forma de pensar y actuar.

### Ejemplo:

*En este ejemplo el estudiante cree poder controlar sus distracciones BASTANTES VECES.*

|  | Nunca | A veces | Casi siempre | Siempre |
|---|---|---|---|---|
| 1. Puedo controlar las distracciones… | 1 | 2 | ③ | 4 |

*Si te equivocas, cruza la respuesta incorrecta y redondea la que consideres.*

|  | Nunca | A veces | Casi siempre | Siempre |
|---|---|---|---|---|
| 1. Puedo controlar las distracciones… | 1 | 2 | ③ | ⊗ |

Esta escala no tiene límite de tiempo para su contestación, pero es necesario que respondas a todas las preguntas. Lo importante es que las respuestas reflejen lo mejor posible tu manera de pensar y actuar en todo lo relacionado con tu conducta de estudio–aprendizaje.

**SI HAS ENTENDIDO LO QUE HAY QUE HACER, PUEDES EMPEZAR; SI NO, PREGUNTA.**

## 1.ª VARIABLE: COMPETENCIA

| | Nunca | A veces | Casi siempre | Siempre |
|---|---|---|---|---|
| 1. Cuando tengo que estudiar, controlo distracciones y me esfuerzo hasta terminar la tarea. | 1 | 2 | 3 | 4 |
| 2. Cuando mis padres valoran mi esfuerzo, aumenta mi interés por el estudio. | 1 | 2 | 3 | 4 |
| 3. Mis padres comprenden mis problemas. | 1 | 2 | 3 | 4 |
| 4. Tengo ganas de superarme cada día. | 1 | 2 | 3 | 4 |
| 5. Cuando estudio y hago los deberes, en mi casa hay silencio. | 1 | 2 | 3 | 4 |
| 6. Mientras estudio me digo: «¡Tienes que seguir estudiando, no te distraigas, esfuérzate, venga, vamos!». | 1 | 2 | 3 | 4 |
| 7. En el estudio, puedo conseguir lo que me propongo. | 1 | 2 | 3 | 4 |
| 8. Mis padres piensan de mí que llegaré alto. | 1 | 2 | 3 | 4 |

## 2.ª VARIABLE: ESQUEMAS

| | Nunca | A veces | Casi siempre | Siempre |
|---|---|---|---|---|
| 1. Los profesores me ayudan a comprender los fallos de los exámenes. | 1 | 2 | 3 | 4 |
| 2. Mis profesores valoran cuando atiendo y participo en clase. | 1 | 2 | 3 | 4 |
| 3. Mis padres me apoyan, me ayudan, me animan y razonan conmigo. | 1 | 2 | 3 | 4 |
| 4. Mis padres se interesan por mis tareas del colegio. | 1 | 2 | 3 | 4 |
| 5. En clase atiendo y no hablo con los compañeros. | 1 | 2 | 3 | 4 |
| 6. Mi esfuerzo y mi constancia en el estudio son valorados por mis padres. | 1 | 2 | 3 | 4 |
| 7. Mis profesores me felicitan cuando hago las cosas bien. | 1 | 2 | 3 | 4 |
| 8. Pregunto al profesor lo que no entiendo en clase. | 1 | 2 | 3 | 4 |

## 3.ª VARIABLE: EXPECTATIVAS

| | Nunca | A veces | Casi siempre | Siempre |
|---|---|---|---|---|
| 1. Cuando atiendo en clase, me siento a gusto conmigo mismo. | 1 | 2 | 3 | 4 |
| 2. Estudio primero la lección y luego hago las actividades. | 1 | 2 | 3 | 4 |
| 3. Estoy contento porque mis notas son buenas. | 1 | 2 | 3 | 4 |
| 4. Mis padres valoran mi esfuerzo. | 1 | 2 | 3 | 4 |
| 5. Me siento satisfecho porque estudio y hago los deberes todos los días. | 1 | 2 | 3 | 4 |
| 6. Atiendo en clase y no me distraigo. | 1 | 2 | 3 | 4 |
| 7. Las explicaciones de los profesores me ayudan. | 1 | 2 | 3 | 4 |
| 8. Cuando me esfuerzo estudiando, saco buenas notas. | 1 | 2 | 3 | 4 |

## 4.ª VARIABLE: VALORACIÓN DE LA SITUACIÓN

| | Nunca | A veces | Casi siempre | Siempre |
|---|---|---|---|---|
| 1. Soy buen estudiante y me esfuerzo hasta que termino lo que tengo que hacer. | 1 | 2 | 3 | 4 |
| 2. Necesito trabajar y esforzarme más para conseguir las notas que deseo. | 1 | 2 | 3 | 4 |
| 3. Me esfuerzo cada día para cumplir las metas que me propongo. | 1 | 2 | 3 | 4 |
| 4. Cuando termino de estudiar, me sobra tiempo para hacer otras cosas: jugar con la consola, ver la tele... | 1 | 2 | 3 | 4 |
| 5. Cuando atiendo en clase, me interesa más la asignatura. | 1 | 2 | 3 | 4 |
| 6. Mis padres están contentos con mis notas. | 1 | 2 | 3 | 4 |
| 7. Mis padres me dicen: «Eres ordenado y responsable». | 1 | 2 | 3 | 4 |
| 8. Mis profesores me dicen que soy trabajador. | 1 | 2 | 3 | 4 |

## 5.ª VARIABLE: <u>AUTORREGULADORES Y PLANES</u>

| | Nunca | A veces | Casi siempre | Siempre |
|---|---|---|---|---|
| 1. Cuando me distraigo me digo: «Deja de pensar en tonterías y ponte a estudiar». | 1 | 2 | 3 | 4 |
| 2. Cuando estoy estudiando y pienso en otras cosas que tengo que hacer, me digo: primero estudio y luego hago lo que tengo pendiente. | 1 | 2 | 3 | 4 |
| 3. Me esfuerzo más en las clases que no me gustan. | 1 | 2 | 3 | 4 |
| 4. Cuando explican los profesores, copio lo que escriben en la pizarra. | 1 | 2 | 3 | 4 |
| 5. Cuando no entiendo alguna palabra, miro en el diccionario. | 1 | 2 | 3 | 4 |
| 6. Cuando estoy estudiando y me distraigo pensando en jugar a la consola, escuchar música o echarme en el sofá y ver la televisión me digo: «Si me doy prisa estudiando, luego tendré tiempo para hacer todo eso». | 1 | 2 | 3 | 4 |
| 7. Cuando estoy viendo la televisión o jugando y pienso que aún no he estudiado, aunque me cueste, me pongo a estudiar. | 1 | 2 | 3 | 4 |
| 8. Cuando estoy estudiando y me distraigo me digo: «Vamos, haz el resumen, lee, termina la cuenta, no dejes los deberes para otro rato». | 1 | 2 | 3 | 4 |

Ojalá todo lo que aquí te he presentado tengas la suerte de poder trabajarlo en clase con el profesorado y con todo el grupo de compañeros.

Si no tienes esa suerte, al menos desde ahora tienes la oportunidad de utilizar la herramienta Aprender Pensando y, sin ninguna duda, con su uso continuado tienes la posibilidad de llegar a ser estudiante estratégico.

## 4. TERCERA PARTE

### 4.1. ESCRIBO EN MI DIARIO CÓMO APRENDO PENSANDO

Lo que aquí escribas cada día son tus huellas al andar. Esas huellas representan el esfuerzo que, como estudiante estratégico, has invertido hasta alcanzar el éxito con el reiterado entrenamiento en la actividad de Aprender Pensando.

Las hojas de *tu diario* están en blanco, ese es tu espacio, aquí el protagonista eres tú. En este espacio dejarás las huellas de cómo avanzas. En él dejarás constancia escrita de cómo aprendes cuando *aprendas pensando*.

En él, escribirás, en primer lugar, tu contestación a mi pregunta: «¿En qué puedes mejorar tu aprendizaje actual?». En segundo lugar, escribirás las metas pequeñas que te propones cada día con el fin de lograr mejorar tu aprendizaje. En tercer lugar, describirás cómo te sientes a medida que, día tras día, logres, o no, conseguir las metas propuestas.

La práctica diaria de autoevaluación te ofrece ese encuentro contigo mismo que siempre ocurre al pensar y, pensando, contestarás a estas dos últimas preguntas: ¿cómo te ves a ti mismo?, ¿cómo te valoras?

Escucha cada día lo que te vas diciendo a ti mismo. Al atender a esa voz interior que te dice cómo te ves a ti mismo, estás describiendo tu autoconcepto y, al contestar sobre cómo te encuentras de satisfecho contigo mismo a medida que con esfuerzo consigues lo propuesto, estás describiendo tu autoestima.

Así, diariamente dejarás constancia por escrito de lo que te vas diciendo a ti mismo ante esa nueva realidad que, a partir de ahora, estás en condiciones de poder descubrir a medida que te entrenas en esta apasionante práctica de Aprender Pensando.

*Tu diario* será el testigo que da fe de tus pasos al andar este camino, de ahí el título: *Escribo en mi diario cómo aprendo pensando.*

# ESCRIBO EN MI DIARIO
# CÓMO APRENDO PENSANDO

Estrategias generales de aprendizaje
para estudiantes de Secundaria-Bachiller

# ESCRIBO EN MI DIARIO CÓMO APRENDO PENSANDO
## Estrategias generales de aprendizaje para estudiantes de Secundaria-Bachiller

## 1. INTRODUCCIÓN

A largo de estas páginas, me dirijo a todos aquellos estudiantes de Secundaria y Bachiller que en estos momentos estén interesados en mejorar su rendimiento académico. A todos vosotros desde aquí os ofrezco la herramienta Aprender Pensando, que, como instrumento de autoevaluación, ha demostrado ser útil y válido en la adquisición de estrategias generales de aprendizaje. La construcción y validación de este instrumento es el resultado de una línea de investigación propia.

Como profesora titular de Psicología en la universidad, tanto dentro de mi actividad docente como en la de investigadora, en todo momento, me interesó la cuestión de la adquisición de estrategias generales de aprendizaje. Sobre ella trabajé durante más de veinte años con un total de 5342 estudiantes, de los cuales 576 estudiaban 5.º y 6.º de Primaria, 2480 Secundaria-Bachiller y 2286 diferentes cursos de diplomaturas, licenciaturas y grados universitarios.

El resultado de esta amplia investigación fue la construcción y validación de los tres modelos de la herramienta Aprender Pensando:
- Modelo 1 para estudiantes de 5.º y 6.º de Primaria
- Modelo 2 para estudiantes de Secundaria-Bachiller
- Modelo 3 para estudiantes universitarios

En estos momentos tres son los objetivos que me empujan a realizar esta breve publicación.

Con el primero, pretendo informar sobre el programa Aprender Pensando, que en su día apliqué en el aula durante el horario escolar a 2480 estudiantes, que en aquel momento estaban, como tú ahora, unos cursando Secundaria y otros Bachiller. Ellos también estaban interesados en mejorar su rendimiento académico. Y, ¿sabes?, juntos lo conseguimos.

Con el segundo objetivo, pretendo ofrecer la posibilidad de aplicar el mismo programa Aprender Pensando, a través de este medio, a todos los estudiantes de Secundaria-Bachiller que estén interesados en participar en él. En definitiva, pretendo acompañaros en esta nueva experiencia. Mediante ella, quiero informaros brevemente sobre todo lo que en su día compartí con otros estudiantes y daros a conocer el contenido que ellos compartieron conmigo a lo largo de aquella bonita experiencia.

Con el tercer objetivo, pretendo ofrecer a los estudiantes de Secundaria-Bachiller que quieran mejorar su rendimiento académico la oportunidad de entrenarse en la adquisición de estrategias generales de aprendizaje. Desde aquí, con seguridad y buen criterio profesional, envío a todos mi invitación a participar en esta apasionante experiencia que promueve éxito académico a la vez que evita el fracaso escolar.

Me parece interesante antes de nada resaltar que en el desarrollo del programa Aprender Pensando con los estudiantes siempre trabajé en el aula y durante el horario escolar, y con sus familias y profesorado en horario extraescolar.

Esta publicación consta de tres partes.

En la primera, se presentan los objetivos y de forma resumida los contenidos del programa Aprender Pensando que en su día se desarrolló en el aula. Así mismo, incluyo la información con la que los estudiantes de Secundaria-Bachiller me hicieron partícipe de su evolución. Esta información la compartían conmigo a medida que ponían en práctica los distintos contenidos del programa explicados en clase y dirigidos a conseguir el doble objetivo general de promover el éxito académico y evitar el fracaso escolar por medio del entrenamiento en estrategias generales de aprendizaje.

En la segunda parte se adjunta el modelo 2 de la herramienta Aprender Pensando resultado de la línea de investigación desarrollada con un total de 2286 estudiantes de Secundaria-Bachiller. Su uso continuado ha demostrado ser un instrumento útil y válido en el entrenamiento para la adquisición de estrategias generales de aprendizaje.

El contenido del modelo 2 de la herramienta Aprender Pensando es único para estudiantes de Secundaria-Bachiller, a quienes ofrece la posibilidad de entrenarse en:

1. La planificación diaria de metas pequeñas, concretas y posibles que les facilitan acortar la distancia entre el punto de partida y la meta.

2. La autoevaluación diaria de los éxitos o fracasos y el consiguiente estado emocional, resaltando tanto los estímulos que han reforzado su conducta como las expectativas derivadas de ello.

La tercera parte está por hacer, yo únicamente añado hojas en blanco. Ahí eres tú el protagonista que se encargará de llenarlas de vida. Ese es *tu diario*, donde escribirás cómo aprendes pensando. Cada día dejarás en él constancia escrita de cómo logras, con esfuerzo, interés y voluntad, avanzar en tu personal proceso de aprender pensando.

*Escribo en mi diario cómo aprendo pensando* es el libro para el estudiante donde se sugieren actividades que le facilitan la adquisición de estrategias generales de aprendizaje. Se concibe como material complementario al manual dirigido a las familias y profesorado con el título: *Aprender pensando. Estrategias generales de enseñanza aprendizaje.*

## 2. PRIMERA PARTE

### 2.1. PRESENTACIÓN DEL PROGRAMA

El programa Aprender Pensando se desarrolla dentro del modelo teórico del aprendizaje social cognitivo y contempla tres tipos de variables que son las que se corresponden con:
- La PERSONA, en este caso, estudiante de Secundaria-Bachiller.
- La CONDUCTA, en este caso, el aprendizaje escolar.
- La SITUACIÓN, en este caso la que rodea al estudiante en su ambiente familiar y escolar: profesorado y compañeros.

Las tres variables no son algo separado, sino que forman un todo donde cada una de las variables se influyen entre sí de forma continua y recíproca; es decir, cada una de ellas influye en las otras dos y a la vez se ve influida por ellas. Es así como el estudiante puede y debe influir en su aprendizaje y en su situación familiar y escolar mientras su aprendizaje influye en él mismo y en su situación familiar y escolar, y a su vez la situación familiar y escolar influye tanto en el estudiante como en su aprendizaje.

Dentro de este modelo teórico hay otro concepto que hay que tener en cuenta por su enorme importancia, nos referimos a la autoeficacia. La autoeficacia se define como la convicción del sujeto en que puede realizar una determinada tarea requerida en una situación determinada o, dicho de otra forma, es la tendencia del sujeto a poner en práctica una determinada conducta porque se considera capaz de realizarla con éxito.

La autoeficacia orienta al sujeto sobre las opciones que la situación escolar y familiar le ofrece. Le orienta sobre el esfuerzo personal que tiene que invertir si quiere conseguir éxito en esa conducta. Al mismo tiempo, le informa de la importancia de perseverar en la repetición de actos hasta adquirir los hábitos que le permiten alcanzar el éxito y, a la vez, evitar el fracaso con la actitud de abandono.

### 2.1.1. OBJETIVOS DEL PROGRAMA APRENDER PENSANDO

Con el fin de conseguir el doble objetivo general de lograr éxito académico a la vez de evitar fracaso escolar, se definen los siguientes objetivos específicos:
1. Activar el pensamiento y, pensando, definir en qué puede mejorar tu forma de aprender.
2. Detectar los recursos que cada uno necesita para obtener los resultados deseados.
3. Planificar diariamente la programación de metas asequibles, posibles, concretas y fáciles de conseguir.

4. Autoevaluar diariamente las metas programadas.
5. Motivar a los estudiantes para mantener el esfuerzo necesario en el control de las distracciones.
6. Justificar la necesidad de autorregulación.

Describir en el diario los pasos que el estudiante da a lo largo del proceso de cómo aprende pensando. Allí deja constancia diaria de sus respuestas a las preguntas: de las metas propuestas, ¿qué he conseguido?, ¿cómo me encuentro tras la consecución o no de las metas propuestas?

## 2.1.2. CONTENIDOS: ESTRATEGIAS GENERALES DE APRENDIZAJE

Con el fin de lograr el doble objetivo general del programa, es necesario actuar siguiendo un plan, controlar las abundantes distracciones y autoevaluar diariamente lo conseguido, para lo cual el estudiante se fijará en tres momentos concretos:
1. Antes de estudiar, preparación mental frente a la tarea, organizar la actividad y planificar y programar metas concretas, pequeñas y posibles.
2. Durante el aprendizaje, controlar distracciones. Esto requiere del sujeto un esfuerzo para conseguir las metas propuestas por medio del entrenamiento diario en autorregular intencionalmente la propia actividad.
3. Al terminar de estudiar, autoevaluar las metas conseguidas y el estado emocional en el que se encuentran, dejando constancia escrita en el diario sobre cómo se sienten al haber conseguido o no lo propuesto.

La constancia escrita en el diario por medio de los autoinformes permite al estudiante conocer, por una parte, su evolución y, por otra, su gestión. Esta práctica metacognitiva le ayuda a comprobar cómo aumenta su autoeficacia como efecto del cambio conseguido. A su vez, este repercute de forma directa en una transformación de la conducta, lo que afecta, así mismo, tanto en la percepción y descripción que el estudiante tiene de sí mismo (o autoconcepto) como en la propia valoración (o autoestima).

De esta forma, en la medida que ponéis en práctica estos procedimientos, al aprender pensando, tenéis la misma oportunidad que otros estudiantes en su día tuvieron. Ahora vosotros, en este momento, tenéis la ocasión de comprobar las consecuencias de reflexionar sobre las sucesivas experiencias de cómo aprendes cuando aprendes pensando.

A continuación, nos vamos a acercar al concepto de estrategias generales y estrategias metacognitivas de aprendizaje.

Las estrategias generales son el conjunto de procesos cognitivos encuadrados en un plan de acción. El entrenamiento en este conjunto de procedimientos y actividades orientados intencionalmente a mejorar el aprendizaje permiten al estudiante conseguir mayor rendimiento y satisfacción personal, al ser más competente.

Ser estudiante estratégico, implica entrenarse en gestionar intencionalmente los recursos cognitivos por medio de la autorregulación. El estudiante emplea las estrategias generales para abordar con éxito su tarea de aprendizaje. Son por tanto variables intervinientes que influyen directamente en la ejecución académica.

Las estrategias generales tienen cinco dimensiones.

1. Conscientes, relacionadas con los procesos de atención y control de distracciones.
2. Autodirigidas, se sitúan en el ejecutivo central de la memoria de trabajo y se encargan de planificar la tarea y definir las sucesivas metas.
3. Generales, relacionadas con el aprendizaje en general de todas las materias.
4. Afectivo-motivacionales, relacionadas con los procesos energizantes de motivación y emoción.
5. Metacognitivas, que desde la activación del pensamiento abordan los siete pasos de toda resolución de problemas.

Las estrategias metacognitivas se refieren a la conciencia y el autocontrol que el sujeto toma sobre la situación, y están relacionadas con los procedimientos de autoevaluación, planificación y autorregulación. Dichos procedimientos permiten al estudiante conocer el contenido de su pensamiento, lo que el sujeto conoce sobre cómo aprende y cómo puede aprender.

En primer lugar, permiten al sujeto tomar conciencia sobre todo aquello que puede mejorar en su forma de aprender. En segundo lugar, ayudan al estudiante a planificar sucesivas metas de forma flexible. En tercer lugar, le permiten conocer el efecto de la consecución de las metas en las motivaciones y disposiciones como resultado de haber conseguido o no los planes propuestos. En cuarto lugar, como consecuencia de la reflexión diaria sobre lo conseguido o no, el estudiante, pensando, descubre y describe cómo debe utilizar intencionalmente sus recursos cognitivos superiores con el fin de mejorar su entrenamiento en autorregular su proceso de aprendizaje.

## 2.1.3. El PENSAMIENTO

El pensamiento, como proceso reflexivo, implica una actividad mental de búsqueda activa de una meta. Cada estudiante, pensando, planifica y diseña las mejoras que quiere lograr en su personal proceso de aprendizaje. También, al saber en qué debe mejorar su forma de aprender, conoce su problema y, a partir de ahí, va aplicando los siete pasos que incluye la solución de problemas:

1. Detectar el problema.
2. Definirlo.
3. Conocido el problema, establecer adónde hay que llegar para solucionarlo.
4. Afrontar todas las soluciones posibles.
5. Analizarlas y ver las consecuencias derivadas de ellas.

6. Escoger la más apropiada.

7. Diseñar un plan de acción y llevarlo a la práctica.

Al dirigirme en su día a los estudiantes con los que tantas horas trabajé, igual que ahora al dirigirme a vosotros, utilizaré el mismo procedimiento, que consiste en plantear tres preguntas. Con ellas pretendía, y ahora pretendo, que dirijáis vuestra atención a reflexionar sobre vuestra experiencia de cómo aprendéis y, pensando, sometáis a juicio ese aprendizaje.

La información de tus respuestas te permite conocer lo que cada uno tiene que mejorar.

## 2.2. EVALUACIÓN INICIAL

Al dirigirme a ti, comienzo con aquellas mismas preguntas y, con el mismo fin, ahora te las planteo a ti. Por favor en el momento que las leas, analiza tu experiencia, céntrate en tus respuestas y, con sinceridad, contesta por escrito en *tu diario* cómo aprendes pensando. Esa será la evaluación inicial y ella se encarga de definir la situación actual. Ese es el comienzo o punto de inicio del proceso de adquisición de estrategias generales de aprendizaje. Reflexiona sobre ellas y, con atención, analiza tu experiencia y comienza a escuchar todo lo que tu pensamiento te dice sobre tu forma de aprender.

No tengas prisa, primero escúchate. Segundo, estrena *tu diario* y escribe en él todo eso que te estás diciendo y hazlo con calma. Escúchate como si a un tercero se lo contaras. Si lo haces de esta forma, te aseguro que, en ese momento, tú has empezado a superar el primer paso en la solución del problema, que, como ya hemos adelantado, consiste en definirlo.

Bueno, pues ya sabes, al leer las tres preguntas, detienes la lectura, comienzas la reflexión y estrenas *tu diario*. Con esas contestaciones empiezas a llenar de vida la tercera parte, que, mientras, te espera en blanco.

1. Primera pregunta, sobre tu conducta: ¿en qué puedes mejorar tu forma de aprender?

2. Segunda pregunta, sobre la situación: ¿qué actitudes de tus padres, profesorado y compañeros te gustaría que cambiaran respecto a tu aprendizaje?

3. Tercera pregunta, sobre la persona: ¿qué opinión tienes de ti mismo respecto a tu aprendizaje escolar?

## 2.2.1. EVALUACIÓN INICIAL DE LA CONDUCTA Y DE SÍ MISMO

Por favor, hazme caso, no sigas leyendo, deja de leer aquí y centra la atención en los hábitos que tienes y que definen actualmente tu forma de aprender. Reflexiona, somete a juicio tu aprendizaje y, pensando, escucha a esa voz interior que te informa sobre todo aquello que puedes mejorar en tu forma de aprender y de actuar. Me refiero a esos determinados hábitos que deberías cambiar, tanto en casa como en clase cuando estudias y te distraes.

Descríbete a ti mismo contestando a esta pregunta: ¿cómo te ves a ti mismo respecto al rendimiento académico? Pregúntate cómo te ves y cómo te sientes, escúchate con atención, estrena el diario y deja por escrito esa apasionante conversación que acabas de tener contigo mismo.

Eso que escribiste es la descripción de cómo te ves a ti mismo respecto a tu situación actual y ahora es tu punto de partida. Si has contestado con sinceridad, tendrás la oportunidad de conocer tu verdadera realidad, sea la que sea. Por muy desastrosa que te parezca, es valiosa porque en ella estás tú, y tú vales mucho.

Quizás no te lo crees. No te lo crees porque tal vez las cosas no las has hecho bien, el resultado no ha sido bueno y la imagen que tienes de ti está relacionada con ese resultado.

Yo te aseguro, como en otros momentos se lo garanticé a otros estudiantes que estaban como tú, que ese resultado se puede y se debe mejorar, y sólo conseguirás que mejore si tú quieres.

Cuando empieces convencido, verás los resultados y con ellos descubrirás la satisfacción personal, familiar y escolar que eres capaz de conseguir. Créeme, por conseguir esa satisfacción, bien merece la pena intentarlo, luchar por conseguirlo, ¿no te parece?

Cuando estoy hablando de lucha, estoy hablando de esfuerzo, del que te va a suponer cambiar ciertos hábitos en tu forma de aprender y que a lo largo de los años has ido repitiendo. Tal vez ahora vas a ver que no son buenos, por eso tus resultados académicos tampoco lo eran e incluso eran malos. Como lo que ahora quieres es mejorar esos resultados y, con ello, la imagen que tienes de ti mismo, es necesario que empieces con ilusión y con fuerza a cambiar esos malos hábitos por otros buenos.

En esta tarea de cambio, el mayor enemigo puedes ser tú mismo, ¿por qué? Porque, aunque tus hábitos sean malos, son tuyos. Al dejar algo propio, la persona siente como que se queda sin nada donde agarrarse y eso produce cierta inseguridad que justifica la personal resistencia al cambio. Pero también ocurre a la inversa, es decir, la persona se puede y se debe convertir en su mejor aliado. Para que esto ocurra, el sujeto, en este caso tú, empezará por descubrir dónde quiere llegar. Esta formulación de metas es la que te orienta en el pensar y te ayuda a ver por dónde empezar a transitar por el camino que te permite acortar la distancia entre el punto de partida y la meta.

Una vez que tienes claro dónde quieres llegar, debes programarte cómo vas a actuar para poder hacerlo. Es decir, primero piensas: «¿Qué quiero?», y luego actúas.

En ese acuerdo contigo mismo entre tu pensamiento y tu conducta, en este caso aprendizaje, es donde nace y crece la alianza contigo mismo, y solo se logrará si tienes claro, por una parte, lo que quieres y, por otra, lo que puedes hacer para conseguirlo.

Si a donde quieres llegar es a mejorar tus resultados académicos, debes analizar de forma general en qué puedes mejorar tu forma de aprender. La diferencia que existe entre cómo lo haces y cómo lo debes hacer te indica hacia dónde debes orientar tu esfuerzo.

Como norma general, recuerda: debes plantearte metas pequeñas y fáciles de conseguir, así te demuestras a ti mismo que eres capaz de llegar donde te has propuesto, y solo lo lograrás si día a día vas dando pequeños pasos. Pequeños pero continuos, sin prisa pero sin pausa.

El éxito que buscamos no se obtiene empezando con mucha fuerza y abandonando al día siguiente. Por el contrario, lo conseguirás por medio de la constancia y la fuerza de voluntad. Hoy un poco y lo valoras; mañana otro poco y lo valoras también; y así sucesivamente. Así es como llegarás a conseguir todo lo que te propongas. Igual que otros estudiantes lo lograron, puedes conseguirlo tú. ¡ÁNIMO!

A continuación, con el fin de que puedas comparar tu situación con la de tus iguales, voy a compartir contigo el resumen de las contestaciones que, a esas mismas preguntas, respondieron aquellos otros estudiantes de Secundaria y Bachiller con los que trabajé.

A medida que vayas leyendo, copia en *tu diario* aquellas frases que coinciden con lo que a ti te pasa con más frecuencia en cada uno de los siguientes apartados:

## ¿EN QUÉ PUEDE MEJORAR TU APRENDIZAJE?: PUNTO DE INICIO

- Se hacen planes, incluso buenos, que no se suelen cumplir.
- Falta de programación.
- Materia acumulada de cara a los exámenes.
- Diariamente muchos solo hacen los deberes, ejercicios o actividades, sin estudiar antes el tema.
- Tanto en clase como cuando estudian en casa, tienen muchas distracciones.
- Falta de atención con poco, escaso e incluso nulo control de las abundantes distracciones.

## POCA ATENCIÓN Y MUCHAS DISTRACCIONES

- Hablo mucho en clase. Me aburro, me voy sin darme cuenta y pienso en otras cosas.

- Cuando me habla mi compañero, pierdo el hilo y ya no sigo. Basta una gracia de un compañero para distraerme.
- Por cansancio, desidia, aburrimiento, no tener ganas o falta de interés, pienso en lo que voy a hacer luego. Me cuento a mí mismo cosas que me gustaría que pasaran, me invento historias, hablo solo.
- Miro los dibujos del libro, objetos encima de la mesa, el boli, la regla, jugueteo con la goma o con cualquier cosa, un papel, pintar monigotes en el cuaderno, juego con los dedos, me toco el pelo.
- Cuando el contenido de la clase es aburrido, las distracciones van en aumento. Miro al profesor como si atendiera, pero no le escucho. En realidad, estoy en la luna, se me va la mente a las nubes, medio dormido o ensimismado en mis cosas, pienso cómo divertirme después de estudiar y sueño cosas maravillosas.
- Todo depende del control que ejerza sobre mi mente, el problema está en mi falta de voluntad, a veces no me distraigo porque me lo propongo y entonces me concentro.
- En casa, cuando estoy estudiando, salgo ochenta veces de la habitación, de repente me entra sed y salgo a beber agua, o hambre y salgo a comer algo, estoy todo el rato yendo a la cocina o a mirar en la nevera y ya me quedo viendo la televisión o dando un paseo por la casa. Miro por la ventana, voy al cuarto de baño, pienso en qué ropa me voy a poner mañana, me distrae el ruido de la calle, de los vecinos o de casa, las paredes, el armario, los cuadros, los posters, pienso en mis amigos, recuerdos, ilusiones, vacaciones, en el pueblo, el gato arañando, el perro ladrando, lo que voy a hacer en el fin de semana, entonces me doy cuenta del tiempo que he perdido sin hacer nada y me pongo nervioso al ver lo que me falta por hacer.
- A veces me levanto a buscar algo y hasta que me vuelvo a concentrar tardo mucho.
- Me cuesta conseguir las metas; si no las consigo, lo veo un fracaso, pero, cuando las consigo, eso sí que es un éxito.
- Cuando me pongo a estudiar es para estudiar. No suelo distraerme porque así termino antes.


## RESPECTO AL ESTUDIO, ¿QUÉ OPINIÓN TIENES DE TI MISMO?: DESCRÍBETE

- Mala, mal, baja, estoy fastidiado.
- Mi estado de ánimo ahora es pésimo, preocupado por los estudios.
- Me distraigo mucho con cualquier cosa, estoy muchas horas delante del libro con la cabeza en otro lado.

- Estudio muy poco y pierdo mucho el tiempo.
- Como no espabile, lo llevo crudo.
- Estoy triste, me siento un inútil.
- Mi estado de ánimo está por los suelos, por fuera parece que estoy feliz, pero por dentro lo paso muy mal y todo es por las notas.
- Nervioso, inquieto, espero con ansiedad el fin de semana. Las razones son los estudios. Reconozco que soy un vago y que debería estudiar más, pero a la hora de la verdad no lo hago y me faltan ánimos para continuar.
- Con esta desesperación que tengo me veo ahogado. Estoy preocupado y algo hundido.
- Cuando me pongo a estudiar tengo una sensación agobiante, lo dejo todo a medias.
- No tengo fuerza de voluntad ni confianza en mí mismo, dudo de mí mismo.

### 2.2.2. EVALUACIÓN INICIAL DE LA SITUACIÓN FAMILIAR

#### ¿QUÉ ACTITUDES DE TUS PADRES TE GUSTARÍA QUE CAMBIARAN RESPECTO A TU APRENDIZAJE?

- Que valoren mi esfuerzo y cómo me siento.
- Que me animen, apoyen y ayuden.
- Que cuiden el ambiente de silencio en casa cuando estoy estudiando.
- Más dialogo e interés por mis problemas.
- No actúan igual mi padre y mi madre.
- Me riñen, pero razonando.

### 2.2.3. EVALUACIÓN INICIAL DE LA SITUACIÓN ESCOLAR

#### ¿QUÉ ACTITUDES DEL PROFESORADO TE GUSTARÍA QUE CAMBIARAN RESPECTO A TU APRENDIZAJE?

- Que expliquen más despacio, hagan esquemas y se preocupen de si lo entendemos o no.
- Que cuando ponen deberes piensen que su asignatura no es la única.
- Que no comparen, las críticas desaniman.
- Que corrijan los deberes de casa.
- Que promuevan más participación de los estudiantes.
- Que nos animen y valoren más el esfuerzo que ponemos para mantener la atención en clase.

- Que influya más en la nota el día a día.
- Que no amenacen con el examen.

## ¿QUÉ ACTITUDES TE GUSTARÍA QUE CAMBIARAN TUS COMPAÑEROS EN CLASE?

- Que atiendan más, que no hablen en clase y que no molesten a los profesores cuando están explicando ni a los compañeros que están atendiendo.
- Que, cuando no les interesa una clase, no molesten a los demás.
- Que respeten a los que tienen interés.
- Que no hagan preguntas tontas para perder el tiempo, que no incordien tanto.
- Que no critiquen ni se rían cuando haces algo mal, algunos se pasan.
- Que respeten más a los que queremos atender, los graciosos nos fastidian a los demás y pagamos todos; aunque son gente maja y buenas personas, por su culpa algunos profesores se cabrean con todos.
- Algunos hablan, nos hacen reír y te distraes en clase, nos quitan la concentración que teníamos en la explicación, aunque debo reconocer que de un tiempo a esta parte han cambiado favorablemente.
- Otros se hacen los gallitos y los demás los siguen.
- Que no se metan con los que estudian más, y no les gasten bromas pesadas.
- Que no haya grupos aislados. Que estemos más unidos, aunque haya algún compañero que no nos resulte simpático.
- Que no se aparten de los que tienen algún defecto físico o psíquico.
- Que sepamos respetarnos y ayudar al compañero que está en apuros o más necesitado.
- Dar la cara cuando hay que darla.
- Reconocer los méritos de una persona que por lo general lo pasa mal y no da una. Que no se mofen de ella.
- Que no critiquen ni hagan el vacío porque eso perjudica y se pasa mal.
- A mis compañeros no les pido que cambien, el que tiene que cambiar soy yo.
- Que cuando suspendes encima no se guaseen, porque molesta un poquito.
- Que en vez de fastidiar al compañero intenten ayudarle.
- Más unidos: sin compañerismo la clase no funciona.
- Que respeten más a los demás, que porque seas feo, tímido o algo raro y te lo sepas todo todos los días que no se burlen ni se metan contigo.
- Alguno se cree don Perfecto, se pasa de listo y se ríe de lo de los demás, entonces crean un ambiente de rechazo y las personas rechazadas no se encuentran a gusto.
- Que se participe más en las clases y se pregunten las dudas. Estar en clase y no en la luna. No distraer al compañero.

- Que haya más respeto hacia los demás y no se metan con los que piensan de otra manera.
- Que solo por tu forma de ser, vestir o hablar ya te catalogan de una manera y puede que sea contraria a lo que tú eres.
- Que se evite la sensación de desgana porque sin darte cuenta hace que tú también la tengas. Que dejen de pasar de la clase, atiendan y estudien un poco más porque a los que tienen ganas de estudiar les quitan las ganas.
- Algunos por chulería se sientes superiores.
- Que no enturbien el ambiente de atención con frases espontáneas, diciendo sandeces.
- Que no se rían ni critiquen cuando nos preguntan y no lo sabemos.
- Cuando se ríen, te aumenta el miedo, te ponen nervioso y tienes sensación de ridículo.

## 2.3. LOS AUTOINFORMES COMO MÉTODO DE AUTOEVALUACIÓN

Los autoinformes son el resultado de la reflexión diaria de los estudiantes y de la que dejan constancia escrita en su diario a medida que van sometiendo a juicio su aprendizaje pensando. Suponen una importante fuente de información; con ella, el estudiante toma conciencia de los logros conseguidos y aplicados a su proceso de aprendizaje como resultado de su entrenamiento en la adquisición de estrategias generales y metacognitivas de aprendizaje.

Ese contenido informa al sujeto del propósito de su reflexión sobre sus nuevas experiencias. A partir de ahí el estudiante analiza, organiza, planifica y autoevalúa la tarea diaria. Pensando, describe los diferentes esquemas con los que va a organizar en su mente el nuevo contenido teórico y práctico a partir de la nueva situación. Esos nuevos esquemas tienen un enorme poder tanto en la construcción del *sí mismo* como en la elaboración de sus nuevas expectativas y atribuciones.

La aplicación de los objetivos y contenidos del programa Aprender Pensando permite al estudiante entrenarse en expectativas de éxito al situar la causa de este en su esfuerzo como atribución interna, estable y controlable.

El estudiante estratégico, al escribir en su diario, descubre cada día cómo va urdiendo esa dinámica interna capaz de promover primero el entrenamiento en autoeficacia y después en competencia. Poco a poco el estudiante, por medio de la reflexión, al someter a juicio su aprendizaje pensando, descubre y comprueba que el esfuerzo en la consecución de sucesivas metas deja un poso en la construcción de la imagen propia.

## 2.4. RESULTADOS

### 2.4.1. CUANDO ATIENDES EN CLASE, ¿TE CUESTA MENOS APRENDER EL TEMA?

Sí, claramente sí, cuando atiendes se comprenden las cosas y luego resulta infinitamente más fácil aprenderlo.

Es cierto, al atender no existe monotonía, y estudiar te resulta más fácil porque comprendes las cosas, puedes preguntar y el profesor te lo aclara y te ayuda a razonar, al llegar a casa solo tienes que memorizar lo que has escuchado.

Al recordar la explicación del profesor, te lo aprendes antes porque ya llevas algo aprendido y solo tienes que repasar, tardas menos tiempo, se te queda mejor y además empiezas el estudio con más ánimo.

Comparto contigo lo que algún alumno comentaba: «Tomo apuntes de la explicación, escribo mucho de lo que dice el profesor, así no me distraigo, así salgo de clase con la lección estructurada y con muchos detalles. Los ejemplos del profesor me ayudan a comprender lo que pone en el libro y además, como lo suelen repetir varias veces, al llegar a casa y ponerte a estudiar te acuerdas de cómo fue la clase, lo has entendido y ya casi te lo sabes. Solo tienes que leerlo unas cuantas veces para asimilarlo mejor y, además, al estudiar tienes dos puntos de vista: el del libro y el del profesor».

«Cada vez atiendo más y me entero mejor, mi rendimiento es mayor y veo que me gustan más las asignaturas».

«He visto que, cuando consigo no hablar y atiendo, aprendo antes y me distraigo menos al estudiar, además apruebo, me ayuda mucho, por eso tengo que seguir esforzándome en controlar mis distracciones».

Cuando atiendes, ¡qué difícilmente se puede olvidar! Cuando no atiendes todo te parece nuevo, andas por las ramas, llegas a casa sin entender y no puedes avanzar, te cuesta todo más. Al atender entiendes más y mejor, sabes por dónde andas y te resulta todo más fácil, tienes ganas y tardas menos en hacer los ejercicios.

Si se atiende en clase se tiene la mitad del camino de la comprensión recorrido. Como decía alguno de los alumnos: «Me he dado cuenta de que, al atender más en clase, tengo que trabajar menos en casa, así que me quito todas las preocupaciones y distracciones de la cabeza».

«Cuando me aplico más a las explicaciones, lo entiendo todo mucho mejor, se te fija más en la mente y así me quito mucho trabajo, me encuentro más descansado y satisfecho: todo está chupado».

«Al atender más, me resulta más fácil aprender, las clases se me hacen menos pesadas y me sobra tiempo para oír música o hacer lo que quiera».

«Si un día no atiendo en clase, luego, al llegar a casa, tengo que mirar, remirar y volver a mirar la lección y, como no me entero de nada, acabo con la cabeza como un bombo. Por el contrario, puedo decir que atender más me ha dado buenos resultados y se ha visto en las notas».

### 2.4.2. ¿CÓMO TE ENCUENTRAS CUANDO HAS CONSEGUIDO LAS METAS PROPUESTAS?

- Convencido de que por el camino que he comenzado puedo mejorar considerablemente mis notas.
- Mi estado de ánimo es bueno.
- Ahora me encuentro con muchos ánimos, segura de que lo puedo conseguir, aunque todavía me queda, pero voy mejor, antes llegaba a clase con mucho miedo.
- Estoy animado y convencido de que puedo mejorar las notas.
- Soy normal con ganas de cambiar. No me siento disgustado, me esfuerzo más porque quiero mejorar.
- Con ganas de superarme cada día un poco más. Me siento más segura, sé que, si me esfuerzo, puedo sacarlo.
- Cada día me fijo en las metas pequeñas de aprovechar más el tiempo, esforzarme más, controlar distracciones, mantener la atención y no salir de la habitación cuando estudio.
- Ahora excelente, me siento satisfecho, tengo buena opinión de mí porque consigo las metas que me voy proponiendo.
- Cuando apruebo, me doy cuenta de que todo ese esfuerzo que he hecho ha sido recompensado. Soy buen estudiante, me esfuerzo hasta que lo consigo, ahora tengo aún más ganas de seguir adelante. Mi problema era que antes no me daba la gana.

### 2.4.3. AHORA ME SIENTO ESTUDIANTE ESTRATÉGICO: HE CONSEGUIDO CONTROLAR DISTRACCIONES

- Estudio todos los días, no solo para los exámenes.
- Controlo distracciones. Más atención y ganas.
- Escribo en un papel las distracciones, pero no me detengo en ellas.
- Cuando estudio, estoy solo al estudio y, como luego tengo más tiempo, pues entonces me puedo detener en las distracciones. La mayoría de las veces no pienso después en ellas porque son tontadas.
- Cuando estudio, intento no ponerme nervioso pensando en todo lo que me falta por hacer.

- La actitud pasiva la he dejado atrás.
- Ahora tengo más interés en lo que hago. Me organizo mejor.
- Intento llevarlo todo al día, así preparo poco a poco los exámenes.
- Me ayuda a concentrarme el hacer resúmenes y esquemas.
- Pongo atención y cumplo el horario.
- Como atiendo en clase, participo más.
- Empiezo por lo más fácil y así me animo.
- Fijarme un horario y cumplirlo.
- Primero estudio y luego, los ejercicios.
- Concentrarme, no salir de la habitación, no levantarme hasta que no lo termine, reducir el tiempo porque acabo antes.
- Cuando consigo lo que me propongo, es un levantamiento de moral.
- Antes solo estudiaba cuando me daba el puntazo la víspera de los exámenes, ahora todos los días hora y media, algunos días solo he tenido dos distracciones.
- Estudio los viernes y así tengo el sábado y el domingo libres.
- Trabajar con orden: primero estudiar y luego los ejercicios; horario y control de distracciones.
- Lo primero que he arreglado ha sido el tiempo de estudio: antes estaba cuatro horas, me levantaba pronto y no hacía nada; ahora, con dos horas seguidas lo he hecho todo.
- Me propongo cosas guiándome por lo que nos has dicho en clase. Empiezo por decirme: «¡Decide por dónde vas a empezar!».
- Trabajo con más atención, rindo más y tardo menos tiempo.
- Pongo voluntad para hacerlo en el momento justo, aunque me cueste.
- Empecé por hacerme un horario, he visto la importancia de dos necesidades: atender y estudiar todos los días. Poco a poco voy mejorando porque me voy acostumbrando.
- Estudio una hora menos, me entero más y, como casi nunca me distraigo, lo que estudio lo asimilo mejor que antes.
- Hacer el horario es fácil, cumplirlo cuesta, pero te da organización.
- Ahora me digo: «¡Ojo a las distracciones!».
- Antes, pocos días, mucho; y muchos días, nada. Ahora he empezado por poco y voy aumentando progresivamente.
- Antes no hacía nada durante la semana y lo acumulaba los fines de semana; ahora trabajo todos los días y el fin de semana lo tengo libre.
- He aprendido a organizarme mejor: lo que antes no hacía en cuatro horas ahora lo hago en dos, pero cuesta.
- He visto que atender es muy importante, así entiendo lo que explican, pregunto las dudas y luego solo repaso lo dado ese día.
- Espero conseguir más constancia, interés y voluntad.

- Me pasaba las horas muertas sin hacer nada. Ahora veo que, si atiendo, me resulta más fácil estudiar, y hacer resúmenes me facilita la tarea.
- Atendiendo y cumpliendo el horario, no me aburro, obtengo más provecho y tengo más tiempo libre.
- He empezado a dar al estudio la misma importancia que al deporte. Si atiendo en clase, me quito por lo menos un 80 % de trabajo en casa. Ahora, con una hora de estudio y media de deberes, termino.
- Cuando me propongo atender, atiendo y me siento bien.
- Atender en clase con mi correspondiente cambio de actitud y olvidarme de mis hábitos anteriores.
- Con atención haces más en menos tiempo. Cumplir el horario sin distracciones me da confianza y seguridad en mí mismo.
- He aprendido a organizarme mejor.
- Me falta voluntad, soy un vago, pero tengo que conseguir cumplir el horario como sea.
- He visto que, cuando me organizo y cumplo la meta que me marco, rindo más y me encuentro a gusto.
- Ahora controlo distracciones y solo con una hora de estudio no me va nada mal.

## 3. SEGUNDA PARTE

### 3.1. DESCRIPCIÓN DEL MODELO 2 DE LA HERRAMIENTA APRENDER PENSANDO

El modelo 2 de la herramienta Aprender Pensando facilita a los estudiantes de Secundaria y Bachiller evaluarse a sí mismos, su conducta y su situación o contexto familiar y escolar. Es el resultado de aplicar a diferentes muestras de estudiantes los contenidos y objetivos del programa Aprender Pensando.

Su uso continuado una vez por semana ofrece a los estudiantes la oportunidad de entrenarse en la adquisición de estrategias generales y metacognitivas de aprendizaje por medio del entrenamiento en los siguientes procedimientos y actividades:

1. Planificación diaria de metas pequeñas, concretas y posibles que facilitan acortar la distancia entre el punto de partida y la meta.
2. Autoevaluación diaria de los éxitos o fracasos y el consiguiente estado emocional, resaltando tanto los estímulos que han reforzado su conducta como las expectativas derivadas de todo ello.

El modelo 2 es el resultado de una amplia investigación realizada en diferentes intervenciones con un total de 2480 estudiantes de Secundaria y Bachiller. Todas las preguntas o ítems de este modelo son frases literales de los estudiantes con los que se trabajó en las diferentes muestras. Ofrecen información sobre los cambios conseguidos a lo largo del proceso de desarrollo y aplicación del programa Aprender Pensando. A través de sus frases, los estudiantes informan sobre lo que piensan, creen y valoran de sí mismos y lo que creen que sus padres y profesorado valoran y esperan de ellos respecto a la nueva dinámica de someter a juicio su aprendizaje pensando.

Este instrumento de autoevaluación ha demostrado ser una herramienta fiable y válida para el entrenamiento en la adquisición de estrategias generales de aprendizaje. Ahora sirve de guía a otros estudiantes que estén interesados en la dinámica de reflexionar y, pensando, analizar, organizar, planificar y decidir por dónde van a empezar, y después continuar, si realmente tienen interés en mejorar su aprendizaje.

Como instrumento de autoevaluación, marca al estudiante pautas sobre el uso de autorreguladores y planes que facilitan convertir la intencionalidad de lo que pretenden en conducta estratégica por medio de la aplicación de los siete pasos en la resolución de problemas. Su uso continuado permite al estudiante autoevaluar resultados y grado de satisfacción a lo largo de personal proceso de adquisición de estrategias generales y metacognitivas de aprendizaje.

La herramienta Aprender Pensando hace referencia a una concepción del aprendizaje centrado en los componentes cognitivos, motivacionales y conductuales que proporcionan al estudiante la capacidad de ajustar sus acciones y metas para conseguir los resultados deseados. (Fernández-Abascal, 2008).

La herramienta Aprender Pensando es un instrumento de autoevaluación reflexiva que facilita al estudiante la adquisición de estrategias generales y metacognitivas de aprendizaje a partir de aplicar el ejecutivo central de la memoria de trabajo en tres aspectos del pensamiento:

1. Evaluación de la persona, de la conducta y de la estrategia.
2. Planificación de la tarea en el tiempo.
3. Autorregulación del sujeto para seguir con esfuerzo el plan trazado y comprobar su eficacia.

A continuación, se presenta el modelo 2 de la herramienta Aprender Pensando. A partir de aquí lo aconsejable es que la utilices una vez a la semana y anotes en *tu diario* los avances que has logrado esa semana y las metas que te fijas para la próxima.

## 3.2. PRESENTACIÓN DEL MODELO 2 DE LA HERRAMIENTA APRENDER PENSANDO

**Fecha:**

## MODELO 2 de la HERRAMIENTA APRENDER PENSANDO
### Nivel Secundaria-Bachillerato

Datos del estudiante:

| Apellidos y nombre | Sexo 1. Hombre 2. Mujer | Edad | Curso | Centro |
|---|---|---|---|---|
| | | | | |

### INSTRUCCIONES

A continuación, te presentamos la **herramienta Aprender Pensando** que tiene por objeto identificar cinco variables:

1. Competencia
2. Codificación y categorización
3. Expectativas
4. Valoración subjetiva de la situación interna y externa
5. Autorreguladores y planes

Todas estas variables están relacionadas con tu forma de estudiar. En su conjunto constituyen una estrategia general de aprendizaje y giran en torno a cómo actúas en cada uno de estos tres momentos:

· Antes de estudiar: planificar.
· Mientras aprendes: controlar distracciones.
· Después de estudiar: revisar resultados y actitudes.

Hemos recogido una serie de pensamientos y valoraciones de otros estudiantes y que tú puedes haber pensado y sentido con más o menos frecuencia o intensidad, lo cual hace que te satisfaga en mayor o menor medida todo lo relacionado con tu forma de aprender y con la forma de actuar contigo tanto de tu familia como de tus profesores y compañeros.

Para ello, se han establecido cuatro grados posibles de frecuencia: nunca (1), a veces (2), casi siempre (3) y siempre (4).

Para contestar, lee la frase y, a continuación, rodea el número que mejor se ajusta a tu forma de pensar y actuar.

### Ejemplo:

*En este ejemplo el estudiante cree poder controlar sus distracciones BASTANTES VECES.*

| | Nunca | A veces | Casi siempre | Siempre |
|---|---|---|---|---|
| 1. Puedo controlar las distracciones… | 1 | 2 | ③ | 4 |

*Si te equivocas, cruza la respuesta incorrecta y redondea la que consideres.*

| | Nunca | A veces | Casi siempre | Siempre |
|---|---|---|---|---|
| 1. Puedo controlar las distracciones… | 1 | 2 | ③ | ⊗ |

Esta herramienta no tiene límite de tiempo para su contestación, pero es necesario que respondas a todas las preguntas. Lo importante es que el resultado refleje lo mejor posible tu manera de pensar y actuar en todo lo relacionado con tu conducta de estudio-aprendizaje.

**SI HAS ENTENDIDO LO QUE HAY QUE HACER, PUEDES EMPEZAR; SI NO, PREGUNTA.**

## 1.ª VARIABLE: COMPETENCIA

|  | Nunca | A veces | Casi siempre | Siempre |
|---|---|---|---|---|
| 1. Me siento satisfecho porque generalmente cumplo lo que me propongo. | 1 | 2 | 3 | 4 |
| 2. Mi rendimiento y atención son buenos; estoy contento. | 1 | 2 | 3 | 4 |
| 3. Mis profesores, en general, piensan que tendré éxito. | 1 | 2 | 3 | 4 |
| 4. Cuando estoy estudiando y me vienen a la cabeza otras ideas me digo: «Cuando acabe, pensaré en ello» o palabras parecidas. | 1 | 2 | 3 | 4 |
| 5. Mis profesores valoran mi esfuerzo. | 1 | 2 | 3 | 4 |
| 6. Intento que el ruido de la calle no me distraiga. | 1 | 2 | 3 | 4 |

## 2.ª VARIABLE: ESQUEMAS

|  | Nunca | A veces | Casi siempre | Siempre |
|---|---|---|---|---|
| 1. Me siento más satisfecho si cumplo un horario de estudio. | 1 | 2 | 3 | 4 |
| 2. Atiendo porque me resulta más fácil comprender los contenidos. | 1 | 2 | 3 | 4 |
| 3. Las explicaciones de los profesores generalmente me ayudan. | 1 | 2 | 3 | 4 |
| 4. Cuando atiendo en clase, me siento a gusto conmigo mismo. | 1 | 2 | 3 | 4 |
| 5. Mi esfuerzo y mi concentración en el estudio son valorados por mis padres. | 1 | 2 | 3 | 4 |
| 6. Mis padres tienen una actitud comprensiva ante los resultados académicos. | 1 | 2 | 3 | 4 |

## 3.ª VARIABLE: <u>EXPECTATIVAS</u>

| | Nunca | A veces | Casi siempre | Siempre |
|---|---|---|---|---|
| 1. Suelo ser buen estudiante, me esfuerzo hasta que lo consigo. | 1 | 2 | 3 | 4 |
| 2. El ambiente de mi casa favorece mi estudio. | 1 | 2 | 3 | 4 |
| 3. Me encuentro bien porque procuro estudiar todos los días. | 1 | 2 | 3 | 4 |
| 4. Mis padres me apoyan, me animan, me ayudan y razonan conmigo. | 1 | 2 | 3 | 4 |
| 5. Mis padres muestran interés por mis tareas académicas. | 1 | 2 | 3 | 4 |
| 6. Necesito trabajar más para obtener los resultados que deseo. | 1 | 2 | 3 | 4 |

## 4.ª VARIABLE: <u>VALORACIÓN DE LA SITUACIÓN</u>

| | Nunca | A veces | Casi siempre | Siempre |
|---|---|---|---|---|
| 1. Mis profesores valoran mi atención y participación en clase. | 1 | 2 | 3 | 4 |
| 2. Mis padres comprenden, en general, mis problemas. | 1 | 2 | 3 | 4 |
| 3. Mis padres piensan de mí que llegaré alto. | 1 | 2 | 3 | 4 |
| 4. Si atiendo, puedo preguntar aquello que no entiendo o que me resulta más difícil. | 1 | 2 | 3 | 4 |
| 5. Si atiendo en clases, me cuesta menos aprender el tema. | 1 | 2 | 3 | 4 |
| 6. Frecuentemente me digo: «Deja de pensar en tonterías y ponte a estudiar», o frases semejantes. | 1 | 2 | 3 | 4 |

**5.ª VARIABLE: <u>AUTORREGULADORES Y PLANES</u>**

| | Nunca | A veces | Casi siempre | Siempre |
|---|---|---|---|---|
| 1. Procuro concentrarme en el estudio aunque tenga algún problema personal o familiar. | 1 | 2 | 3 | 4 |
| 2. Si mis padres valoran mi esfuerzo, aumenta mi interés por el estudio. | 1 | 2 | 3 | 4 |
| 3. Me esfuerzo más en las clases que no me gustan. | 1 | 2 | 3 | 4 |
| 4. Los profesores me hacen ver los fallos de los exámenes cuando los tengo. | 1 | 2 | 3 | 4 |
| 5. Tengo ganas de superarme cada día. | 1 | 2 | 3 | 4 |
| 6. Cuando atiendo, aumenta mi interés por la materia. | 1 | 2 | 3 | 4 |

## 4. TERCERA PARTE

### 4.1. ESCRIBO EN MI DIARIO CÓMO APRENDO PENSANDO

Las hojas de *tu diario* están en blanco, ese es tu espacio, aquí el protagonista eres tú. En este espacio dejarás las huellas de cómo avanzas, es decir, de cómo aprendes cuando lo haces pensando. En él escribirás, en primer lugar, tu contestación a mi pregunta: «¿En qué puedes mejorar tu aprendizaje actual?». En segundo lugar, escribirás día tras día las metas pequeñas, posibles y fáciles de conseguir que te propones cada día con el fin de lograr mejorar tu aprendizaje. En tercer lugar, describirás cómo te sientes a medida que día tras día logras conseguir las diferentes metas propuestas.

La práctica diaria de autoevaluación te ofrece ese encuentro contigo mismo que siempre ocurre al pensar y, pensando, contestarás a estas dos últimas preguntas que antes de terminar te formulo:

1. ¿Cómo te ves a ti mismo?
2. ¿Cómo te valoras?

Escúchate cada día lo que te vas diciendo a ti mismo. Al escuchar esa voz interior que te dice como te ves a ti mismo, estás describiendo tu autoconcepto.

Al contestar sobre cómo te valoras, según te encuentres más o menos satisfecho contigo mismo, en función de lo que has logrado y con esfuerzo has conseguido, estás describiendo tu autoestima.

Así diariamente dejarás constancia escrita  de lo que te vas diciendo a ti mismo ante esa nueva realidad que, a partir de ahora, estás en condiciones de poder descubrir a medida que  te entrenas en esta apasionante práctica de Aprender Pensando.

*Tu diario* será el testigo que da fe de tus pasos al andar este camino, de ahí el título: *Escribo en mi diario cómo aprendo pensando.*

## 5. CONCLUSIÓN

En su día, cuando trabajé con otros estudiantes para mejorar su forma de aprender, nos propusimos trabajar juntos. Sí, ellos y yo. Pero desde aquí quiero dejar constancia de que también junto a nosotros, junto a todo el grupo de clase, se incluían el profesorado y familias.

Trabajé en horario escolar en el aula con los estudiantes, y con el profesorado y las familias en horario extraescolar. De esta forma nos propusimos entre todos abordar juntos la mejora del proceso de aprendizaje del estudiante, y lo más importante es que entre todos lo conseguimos.

Deseo que ahora vosotros tengáis la misma suerte y que este proceso de cambio lo programe y promueva el profesorado en el aula. Ojalá que en él participen, se impliquen y os acompañen todos los agentes educativos: familia, profesorado e iguales.

Ojalá que el profesorado desde su actividad docente, al enseñar pensando, con el uso de estrategias generales de enseñanza, promueva y fomente en el alumnado el entrenamiento en la adquisición de estrategias generales de aprendizaje con la práctica de Aprender Pensando.

# ESCRIBO EN MI DIARIO
# CÓMO APRENDO PENSANDO

Estrategias generales de aprendizaje
para estudiantes universitarios

# ESCRIBO EN MI DIARIO CÓMO APRENDO PENSANDO
## Estrategias generales de aprendizaje para estudiantes universitarios

## 1. INTRODUCCIÓN

Todo surge en el aula y es resultado de una línea de investigación que se desarrolla en paralelo a la experiencia docente como profesora titular de Psicología en la universidad, donde impartí, entre otras, la asignatura de Procesos Psicológicos Básicos.

En el proyecto docente de la asignatura dentro del desarrollo de los créditos prácticos se justificaba la necesidad de promover en el alumnado el entrenamiento en la adquisición de estrategias generales de aprendizaje.

A la hora de explicar en clase los contenidos teóricos de los distintos procesos psicológicos: cognitivos y afectivo-motivacionales, se hacía referencia continua a la necesidad de que cada estudiante seleccionara de las diferentes teorías estudiadas aquellos conceptos que cada uno se proponía trasladar a su aprendizaje académico como práctica en la personal adquisición de conducta estratégica.

Al final del curso, cada estudiante entregaba un informe sobre los créditos prácticos. En él comenzaban resaltando de cada proceso los conceptos que habían aplicado a su aprendizaje, seguidamente detallaban de forma pormenorizada como lo habían concretado en sucesivas metas y a su vez detallaban el estado emocional referido a cómo se sentían una vez conseguidas o no las metas propuestas.

Este planteamiento se convirtió en una determinada línea de investigación centrada en el tema concreto **Aprender Pensando: adquisición de estrategias generales de aprendizaje**. En ella se trabajó durante más de veinte años con un total de 5342 estudiantes, de los cuales, 576 estaban matriculados en los cursos de 5.º y 6.º de Primaria, 2480 eran estudiantes de Secundaria-Bachiller y 2286 estaban matriculados en diferentes cursos de distintas diplomaturas, licenciaturas y grados universitarios.

El resultado de esta amplia investigación son los tres modelos de la herramienta Aprender Pensando:
- Modelo 1 para estudiantes de 5.º y 6.º de Primaria
- Modelo 2 para estudiantes de Secundaria-Bachiller
- Modelo 3 para estudiantes universitarios y opositores

A lo largo de estas páginas, en la primera parte se informa sobre los contenidos del programa Aprender Pensando trabajados con los estudiantes universitarios.

En la segunda parte, tras una breve referencia a la construcción de la herramienta Aprender Pensando se detallan sus características generales y, a continuación, se presenta el modelo 3 de la herramienta Aprender Pensando.

En la tercera parte se informa sobre la adecuación del modelo 3 de la herramienta a formato electrónico multiplataforma como experiencia desarrollada por un grupo de innovación docente del que formaron parte 58 profesores de 70 diferentes titulaciones universitarias.

En la cuarta y última parte se adjuntan unas hojas en blanco que representan el diario donde el estudiante universitario que esté interesado en la adquisición de estrategias generales de aprendizaje tenga la oportunidad de dejar constancia escrita de los sucesivos pasos que dará a lo largo de este apasionante camino.

Desde aquí se ofrece a todos los estudiantes universitarios y opositores interesados en adquirir estrategias generales de aprendizaje la posibilidad de hacerlo con el uso continuado del modelo 3 de la herramienta Aprender Pensando, que ha demostrado ser un instrumento de autoevaluación útil y válido para la consecución de tal fin.

*Escribo en mi diario cómo aprendo pensando* está considerado como material complementario al libro *Aprender Pensando: estrategias generales de enseñanza aprendizaje*.

## 2. PRIMERA PARTE

### 2.1. PRESENTACIÓN DEL PROGRAMA APRENDER PENSANDO

Como ya se ha adelantado, todo surge en el aula al impartir en diferentes titulaciones la asignatura de Procesos Psicológicos Básicos. El contenido del programa «Aprender Pensando: adquisición de estrategias generales de aprendizaje» se estructura a partir de la selección de determinados conceptos estudiados en la asignatura.

Estaba por tanto integrado en el proyecto docente de la asignatura de Procesos Psicológicos Básicos, y su desarrollo conformaba la descripción y aplicación de sus créditos prácticos. Allí se justificaba a los estudiantes la necesidad de pensar sobre la pregunta: «¿En qué puede mejorar tu aprendizaje?». Al contestar, iban sometiendo a juicio su aprendizaje pensando.

Pensando, los estudiantes reflexionan, analizan, describen y, por medio de la autoevaluación, toman conciencia de las características de su aprendizaje que pueden mejorar en ese momento. A partir de ahí se justifica la necesidad de seguir PENSANDO para que cada uno elija el procedimiento más eficaz que les permita acortar la distancia existente entre el estado actual y el pretendido en su aprendizaje.

## 2.1.1. CONTENIDOS

De los distintos procesos cognitivos y afectivo-motivacionales, resaltamos como más significativos por su relación con las estrategias generales de aprendizaje, entre otros, los siguientes conceptos:

- Dentro del proceso del **pensamiento**, los siete pasos de la resolución de problemas.
- Dentro del proceso de la **memoria de trabajo**, las funciones del ejecutivo central.
- Dentro del proceso de la **atención**, los procesos controlados y su relación con los mecanismos autorreguladores y planes.
- Dentro del proceso de la **motivación**, las atribuciones internas, estables y controlables, y su relación con la intención y el motivo de logro.
- Dentro del proceso de la **emoción** por medio de la autoevaluación diaria, revisar los efectos sobre el estado emocional dependiendo de haber conseguido o no las metas propuestas y su repercusión en el autoconcepto y la autoestima.

Dentro de las estrategias generales de aprendizaje, se analizan las diferentes dimensiones y, por último, se resalta el enorme poder y valor de los autorregistros diarios como procedimiento o recurso metodológico en interacción con los contextos familiar y escolar.

Con el objetivo de trasladar la teoría de los distintos procesos psicológicos al aprendizaje académico, se utilizan las estrategias generales de aprendizaje como aspecto procedimental en el proceso de transformación de la teoría en vida manifiesta en la conducta estratégica.

## 2.1.2. ESTRATEGIAS GENERALES DE APRENDIZAJE

Las estrategias generales se refieren al conjunto de procedimientos que utiliza el estudiante y que le permiten controlar su aprendizaje (Pozo y Moneo, 2000).

Las estrategias metacognitivas se refieren al conocimiento del contenido del pensamiento y al control de la actividad, tanto del pensamiento como del aprendizaje. Son el resultado del conocimiento que el sujeto tiene sobre su propio aprendizaje. En primer lugar, permiten al pensamiento informar al sujeto sobre cómo aprende, así como de las situaciones internas y externas en las que debe mejorar su forma de aprender. En segundo lugar, ayudan al estudiante a planificar las metas de forma flexible. En tercer lugar, le permiten ir tomando conciencia del cambio en las disposiciones y motivaciones como resultado de haber conseguido o no los planes y metas propuestas. En cuarto y último lugar, como consecuencia de la reflexión diaria, a partir de lo conseguido o no, el estudiante va pensando cómo debe utilizar intencionalmente sus recursos cognitivos superiores, mejorando la capacidad de autorregular su proceso de aprendizaje (Flavell, 1971 y Marti, 2000).

Las estrategias generales de aprendizaje son un conjunto de procesos cognitivos encuadrados en un plan de acción. El estudiante emplea las estrategias para abordar con éxito su tarea de aprendizaje a partir de la elaboración del material presentado. Las estrategias de aprendizaje son variables intervinientes que influyen directamente en la ejecución académica.

Las estrategias generales de aprendizaje son el conjunto de procedimientos empleados por el estudiante que le facilitan la adquisición de conocimientos. Se consideran como la suma de actividades orientadas intencionalmente a mejorar el aprendizaje.

El uso de estos procedimientos y actividades permiten al estudiante conseguir mayor rendimiento y mayor satisfacción personal.

A continuación, resaltamos cinco dimensiones que caracterizan a las estrategias generales de aprendizaje:

1. Conscientes: relacionadas con los procesos atencionales controlados.
2. Autodirigidas: relacionadas con el proceso de memoria operativa o de trabajo.
3. Generales: relacionadas con cualquier situación de aprendizaje.
4. Metacognitivas: autoconciencia y autocontrol, relacionadas con autoevaluación, planificación y autorregulación.
5. Afectivo-motivacionales: refuerzos dinamizadores dirigidos a reducir la ansiedad.

Las estrategias metacognitivas activan el control ejecutivo y se encargan de reflexionar, activar y gestionar en el pensamiento tres aspectos esenciales del aprendizaje:

- Evaluación de la persona, de la tarea y de la estrategia.
- Planificación, aplicación de tiempo y esfuerzo.
- Autorregulación intencional: capacidad del sujeto para seguir el plan trazado y comprobar su eficacia.

Las estrategias afectivas, o de apoyo afectivo, hacen referencia a  la programación de metas, el control del proceso de atención y la autoevaluación.

Tanto las estrategias metacognitivas como las afectivas son generales y por tanto aplicables a todos los dominios.

### 2.1.3. AUTOINFORMES

Los autoinformes, como resultado de la autoevaluación diaria, nos dan a conocer una serie de esquemas que los estudiantes van organizando sobre sus acciones y las de las personas significativas que hay en su entorno (Mischel, 1995).

Los esquemas almacenados en la memoria son estructuras cognitivas básicas, patrones organizados por cada persona que, a su vez, utiliza para pensar y actuar. Por tanto, a cada estudiante le permiten ir relacionando su pensamiento con su conducta personal de aprendizaje.

El papel de los esquemas es central ya que, a partir de ellos, cada estudiante va elaborando sus expectativas, que posteriormente utilizará para hacer planes y marcarse sucesivas metas (Zimmerman, 1989 y 2000).

El sujeto, al reflexionar pensando sobre su experiencia personal (en concreto en cómo actúa cuando aprende), poco a poco va desarrollando un mapa cognitivo de su situación interna-externa que le sirve de orientación y guía al establecer las diferentes rutas que debe escoger para ir alcanzando las sucesivas metas que se va proponiendo (Mischel, 1995).

A continuación, transcribimos literalmente parte del contenido de los autoinformes de algunos estudiantes universitarios:

«Desde el principio la realización de esta práctica me atrajo, lo vi como una especie de profesor Keating en El club de los poetas muertos que trataba de estimular a sus chicos hacia una mejora de la autoestima basándose en el lema carpe diem ('Aprovecha el momento'), todo tenía mucha relación, ya que eran clases fuera de lo común en la que nos hablaba de cómo nos encontrábamos sin conocernos».

«Si a los estudiantes de los institutos se les planteara la pregunta "¿En qué puede mejorar tu aprendizaje?", y después les explicaran brevemente los procesos que intervienen en él, el fracaso escolar se reduciría notablemente».

«Esta práctica me ha ayudado a conocerme más a mí mismo, me siento afortunado por disponer de tantas posibilidades de autorrealización».

«Los buenos resultados me animan a seguir trabajando de esta forma».

«Lo más importante es la planificación, pero lo más difícil es el control de distracciones, que a su vez es lo que te permite rendir más en menos tiempo».

«Al utilizar las estrategias generales metacognitivas, el aprendizaje me ha resultado más fácil y exitoso».

En la siguiente transcripción literal de algunos estudiantes universitarios, se pueden comprobar parte de los efectos logrados; pues el uso continuado de la herramienta Aprender Pensando les ha permitido entrelazar y convertir la teoría en vida:

«Gracias a esta práctica, he hablado por primera vez conmigo mismo y de forma sincera he analizado qué debo hacer para mejorar mi aprendizaje».

«He aprendido a conocer mi mundo interior, mi forma de afrontar las diferentes situaciones, a describir con detalle lo que hago bien y mal, ayudándome a dar más de mí en todo momento».

«Me ha supuesto mucho esfuerzo, pero también un altísimo nivel de satisfacción».

«Nunca había aprovechado tanto el tiempo».

«Ahora centro mi energía en reflexionar cómo organizo la materia de estudio en el tiempo, así como en autorregular mi atención controlando distracciones».

«En vez de tener depresión, mi conciencia está tranquila, sin ansiedad».

«He tomado mi aprendizaje como un reto personal y me siento capaz de realizar lo que me proponga porque sé que lo puedo conseguir».

«Si pongo en ello voluntad, esfuerzo, sabiduría y conciencia, lo lograré».

«Fueron de gran ayuda la motivación y el ánimo que la profesora nos transmitió en todo momento».

El análisis cualitativo del contenido de los autoinformes nos permitió identificar las diferentes formas en las que los estudiantes iban elaborando, categorizando y almacenando sus representaciones mentales en los correspondientes esquemas.

Los esquemas recogen la información sobre los cambios que los estudiantes iban consiguiendo en su aprendizaje. Nos informan de la experiencia que tienen en cada momento sobre las distintas relaciones estímulo-consecuencia y conducta-consecuencia. De esta forma, en los autoinformes los estudiantes nos dan a conocer el contenido de su pensamiento como resultado de las diarias autoevaluaciones sobre:

- Los sucesivos planes y metas
- Los sucesivos éxitos o fracasos y el consiguiente estado de ánimo
- La importancia de los distintos estímulos recibidos

Como resultado de todo lo anterior, surge el desarrollo de nuevas expectativas.

El alumnado de 5.º y 6.º de Primaria y Secundaria-Bachillerato que participó en las distintas intervenciones presentaba una vez al mes un autoinforme donde se reflejaba el procedimiento seguido para trasladar los conceptos de los distintos procesos que se estaban trabajando a la planificación de metas y autorregulación de la conducta.

En la realización de los autoinformes, los estudiantes de cada nivel sometían a juicio su aprendizaje y, pensando, revisaban los logros conseguidos, planificaban la tarea y concretaban las siguientes metas. De esta forma, la intencionalidad de su conducta por medio de la autorregulación se iba convirtiendo en conducta estratégica.

Este planteamiento les suponía un entrenamiento diario en dos aspectos claves de la metacognición: la conciencia y el control de la conducta dirigida a la meta de aprender mejorando el rendimiento en interacción con el contexto más próximo.

Los autoinformes recogían el proceso seguido y el estado de ánimo que tenían en función de lo conseguido. Aquí es donde identificamos las representaciones mentales, y de aquí es de donde se recogen o transcriben las frases literales de los estudiantes universitarios, que conformarán los ítems o preguntas que dan lugar al contenido del modelo 3 de la herramienta Aprender Pensando específica para estudiantes universitarios.

## 3. SEGUNDA PARTE

### 3.1. CONSTRUCCIÓN DE LA HERRAMIENTA APRENDER PENSANDO

Como se ha comentado previamente, la herramienta Aprender Pensando consta de tres modelos:

- Modelo 1: para 5.º y 6.º de primaria
- Modelo 2: nivel de Secundaria- Bachillerato
- Modelo 3: nivel Universidad

Los ítems o preguntas que constituyen el contenido de cada uno de los modelos de la herramienta se corresponden con una frase literal del alumnado de cada nivel entresacada de sus respectivos autoinformes.

La forma o estructura es la misma en los tres modelos de la herramienta y consta de cinco variables que coinciden con las cinco de la teoría de las variables personales Mischel (1968 y 1977).

La estructura de la herramienta es el resultado de la aplicación de dicha teoría al dominio particular y concreto del aprendizaje académico fundamentado en los componentes cognitivos, motivacionales y conductuales.

En la teoría de las variables personales, la conducta del individuo se explica por una continua interacción entre las variables personales y las variables situacionales. El resultado de dicha interacción constituye el ambiente psicológico que, en parte, explica el carácter activo del sujeto.

Las variables personales están estrechamente relacionadas con las reacciones afectivas y estas, a su vez, dependen de la estructura cognitiva por medio de la cual se estructuran y etiquetan, haciéndolas inseparables.

El sistema funciona como una única red de interconexiones organizadas entre cogniciones y afecto, no son variables o tendencias separadas e independientes.

La organización de la conducta se interpreta como un modelo que relaciona entre sí todos los componentes de una organización psicológicamente significativa de relaciones cognitivas y afectivas.

La teoría contempla las siguientes variables:

- **Competencia**. Es el grado de confianza que tiene el sujeto en su propia capacidad, lo que el sujeto cree que puede hacer a partir de lo que conoce.
- **Categorización-codificación**. Se refiere a las transformaciones cognitivas que hace el sujeto de los diferentes estímulos. De ello depende la influencia de la estimulación en la conducta.
- **Expectativas**. Se encargan de guiar la selección de la conducta. Se han ido formando a partir de las asociaciones entre las consecuencias de los estímulos y de las conductas anteriores.
- **Valoración de la situación**. El valor que tienen los estímulos depende de cada sujeto. Para uno puede ser preferente porque es motivador, pero para otro sujeto ese mismo estímulo puede ser aversivo y no le supone ningún incentivo.
- **Autorreguladores y planes**. Se refieren a los criterios personales que cada sujeto ha ido construyendo a partir de su experiencia anterior. En función de ellos regula su conducta por medio de sucesivas metas.

El modelo 1 se valida con la participación de 576 estudiantes de Primaria.

El modelo 2 se valida con la participación de un total de 2480 estudiantes de BUP-COU y Secundaria.

Y el modelo 3 se valida con la participación total de 2286 estudiantes universitarios de diferentes cursos de diplomaturas, licenciaturas y grados.

En la construcción de los tres modelos se sigue el mismo procedimiento. Se someten los datos a diferentes tratamientos estadísticos, entre ellos, reiterados análisis factoriales que nos van permitiendo ir reduciendo el número de ítems de cada uno de los modelos de la herramienta. Unido a la fiabilidad, se confirman los distintos tipos de validez: concurrente, predictiva, de constructo y de contenido.

Cinco factores en los tres modelos confirman la validez interna o fiabilidad, y explican un tanto por ciento de la varianza total suficientemente elevado. Cada uno de estos cinco factores se corresponde con una de las cinco variables de la teoría de las variables personales.

La recta de regresión demuestra que, por cada unidad que aumente el resultado en cada variable, la nota aumenta entre 0,025 y 0,06, y por cada unidad que aumenta el total de la herramienta, la nota aumenta 0,011 puntos.

### 3.1.1. OBJETIVOS DE LA HERRAMIENTA

Con el uso de cada uno de los modelos de la herramienta Aprender Pensando, se pretende que el alumnado tenga la oportunidad de conseguir los siguientes objetivos:

1. Poner el pensamiento en acción y, PENSANDO, someter a juicio su APRENDIZAJE:
   - Autoevaluar lo que se pueden mejorar.
   - Analizar los puntos fuertes y débiles.
2. Planificar y autorregular intencionalmente la conducta:
   - Programar metas pequeñas, concretas, reales y posibles de conseguir que, por pequeñas que sean, una vez conseguidas, siempre aumentarán el impulso y la energía para la acción.
   - Actuar sobre las características del motivo de logro.
3. Entrenarse en sucesivas autoevaluaciones:
   - Sobre la propia conducta (aprendizaje).
   - Sobre la consecución o no de los sucesivos planes y metas.
   - Sobre su estado emocional tras la consecución o no de dichas metas.
4. Evaluar las causas de su rendimiento reflexionando sobre el esfuerzo invertido y valorando en qué medida las causas o atribuciones, tanto de sus éxitos como de sus fracasos, se van acercando a los niveles interno, estable y controlable.

## 3.1.2. CARACTERÍSTICAS DE LA HERRAMIENTA

1. La herramienta Aprender Pensando es un instrumento de autoevaluación reflexiva adaptada a los niveles de Primaria, Secundaria-Bachillerato y Universidad.

2. La herramienta Aprender Pensando anima a los estudiantes a reflexionar para revisar y, tal vez, reajustar los esquemas que tienen elaborados sobre:
   - Su conducta: autoevaluando la tarea sobre cómo aprenden y cómo pueden aprender, lo cual les permite definir el problema.
   - Sí mismos: analizando las disposiciones que tienen, tanto para afrontar la tarea de forma eficaz como para invertir el esfuerzo necesario hasta conseguir las sucesivas metas.
   - La necesidad de adquirir estrategias generales de aprendizaje, metacognitivas y afectivas. Las estrategias metacognitivas se concretan en el conocimiento y control de las actividades del pensamiento y del aprendizaje de dos formas:
     - Los estudiantes, PENSANDO, analizan cómo aplicar el control ejecutivo a su aprendizaje y lo manifiestan en la realización de sucesivos planes.
     - Los estudiantes, PENSANDO, van tomando conciencia de los recursos atencionales que necesitan activar o inhibir a la hora de aprender (COMPETENCIA).

3. La herramienta Aprender Pensando facilita a los estudiantes la tarea de evaluar y clasificar los estímulos y refuerzos del ambiente familiar-escolar y la situación personal, agrupándolos por categorías.
   De esta forma, los estudiantes analizan las actitudes positivas y negativas que tienen con ellos sus padres y su profesorado para así modificar el efecto de la estimulación recibida del ambiente según su impacto (CATEGORIZACIÓN-CODIFICACIÓN).

4. La herramienta Aprender Pensando justifica a los estudiantes la necesidad de planificar el aprendizaje junto a la de evaluar los logros conseguidos en dos momentos concretos.
   - Al ponerse a estudiar: revisan la disposición o preparación mental frente a la tarea que tienen delante (programación de metas y regulación intencional de la conducta).
   - Al terminar de estudiar: evalúan, por un lado, en qué medida se ha conseguido o no lo planificado y cuáles han sido las causas del rendimiento conseguido (atribuciones internas-externas, estables-inestables y controlables-incontrolables). Y, por otro lado, evalúan el estado anímico para entrenarse en el empleo de autorrefuerzos y, a diario, dejar constancia escrita de todo ello en autorregistros.

Los resultados guían a los estudiantes en la selección de la siguiente conducta, precisamente por el poder de las asociaciones establecidas entre la conducta programada y los resultados obtenidos (EXPECTATIVAS).

5. La herramienta Aprender Pensando implica a los estudiantes en un reto personal por conseguir las metas que ellos mismos previamente se han marcado. Desde el primer momento se justifica la necesidad de entrenarse en los procesos atencionales controlados, lo que motiva a los estudiantes a trabajar centrando la atención en la materia que están aprendiendo.

   Pero aquí puede surgir uno de los mayores problemas, nos referimos al necesario control de distracciones que los estudiantes tienen que resolver. Para conseguirlo necesitan valorar el poder que posee el estímulo principal con relación a sus intereses personales, valores y preferencias en ese momento concreto.

   El uso de la herramienta facilita a los estudiantes conocer la experiencia interna de APRENDER controlando distracciones.

   De esta forma, al ir PENSANDO, analizan el mapa cognitivo de su situación interna y externa y van estableciendo las rutas que deben escoger para alcanzar las metas propuestas (VALORACIÓN SUBJETIVA DE LA SITUACIÓN INTERNA Y EXTERNA).

6. La herramienta Aprender Pensando demuestra cómo otros estudiantes, PENSANDO, han trasladado los contenidos teóricos de los distintos procesos cognitivos y afectivo-motivacionales a conductas estratégicas que se aplican a la mejora de su aprendizaje (Calleja, 1991, 1994, 1995, 2005 y 2008).

Esta sencilla información, expresada con las frases literales de los propios estudiantes, ha demostrado ser de gran utilidad para ellos y, por consiguiente, igualmente puede serlo para otros.

Los distintos modelos de esta herramienta sirven de guía, según el nivel, a los estudiantes que quieran mejorar su rendimiento académico. Les sirve de orientación a la hora de elaborar personalmente las diversas normas, planes y metas a la vez que les va indicando cómo regular intencionalmente su actividad.

Al ir ajustando su conducta, con el fin de conseguir los resultados deseados, el estudiante va aprendiendo a dirigirse a sí mismo.

La participación activa de quien aprende se manifiesta en el entrenamiento en AUTORREGULACIÓN, entendida como la capacidad del sujeto para seguir el plan trazado y comprobar su eficacia, lo que le permite ir acortando la distancia entre el punto de partida y la meta (MECANISMOS AUTORREGULADORES Y PLANES).

## 3.2. PRESENTACIÓN DEL MODELO 3 DE LA HERRAMIENTA APRENDER PENSANDO

Fecha:

### MODELO 3 de la HERRAMIENTA APRENDER PENSANDO
### Nivel universitario (MAPu)

Datos del estudiante:

| Apellidos y nombre | Sexo 1. Hombre 2. Mujer | Edad | Curso | Centro |
|---|---|---|---|---|
| | | | | |

### INSTRUCCIONES

A continuación, te presentamos la **herramienta Aprender Pensando** que tiene por objeto identificar cinco variables:

1. Competencia
2. Codificación y categorización
3. Expectativas
4. Valoración subjetiva de la situación interna y externa
5. Autorreguladores y planes

Todas estas variables están relacionadas con tu forma de estudiar. En su conjunto constituyen una estrategia general de aprendizaje y giran en torno a cómo actúas en cada uno de estos tres momentos:

· Antes de estudiar: planificar.
· Mientras aprendes: controlar distracciones.
· Después de estudiar: revisar resultados y actitudes.

Hemos recogido una serie de pensamientos y valoraciones de otros estudiantes y que tú puedes haber pensado y sentido con más o menos frecuencia o intensidad, lo cual hace que te satisfaga en mayor o menor medida todo lo relacionado con tu forma de aprender y con la forma de actuar contigo tanto de tu familia como de tus profesores y compañeros.

Para ello, se han establecido cuatro grados posibles de frecuencia: nunca (1), a veces (2), casi siempre (3) y siempre (4).

Para contestar, lee la frase y, a continuación, rodea el número que mejor se ajusta a tu forma de pensar y actuar.

### Ejemplo:

**En este ejemplo el estudiante cree poder controlar sus distracciones BASTANTES VECES.**

| | Nunca | A veces | Casi siempre | Siempre |
|---|---|---|---|---|
| 1. Puedo controlar las distracciones… | 1 | 2 | ③ | 4 |

**Si te equivocas, cruza la respuesta incorrecta y redondea la que consideres.**

| | Nunca | A veces | Casi siempre | Siempre |
|---|---|---|---|---|
| 1. Puedo controlar las distracciones… | 1 | 2 | ③ | ④̸ |

Esta herramienta no tiene límite de tiempo para su contestación, pero es necesario que respondas a todas las preguntas. Lo importante es que el resultado refleje lo mejor posible tu manera de pensar y actuar en todo lo relacionado con tu conducta de estudio-aprendizaje.

**SI HAS ENTENDIDO LO QUE HAY QUE HACER, PUEDES EMPEZAR; SI NO, PREGUNTA.**

## 1.ª VARIABLE: COMPETENCIA

|  | Nunca | A veces | Casi siempre | Siempre |
|---|---|---|---|---|
| 1. Soy bastante ordenado con mis apuntes, de esta forma, cuando tengo un examen, no pierdo el tiempo organizándolos o completándolos. | 1 | 2 | 3 | 4 |
| 2. Planifico los exámenes con tiempo suficiente. | 1 | 2 | 3 | 4 |
| 3. Siguiendo esta estrategia de aprendizaje, este me ha resultado más fácil y exitoso. | 1 | 2 | 3 | 4 |
| 4. He sido capaz de establecer períodos adecuados de trabajo y descanso, así como darme refuerzos ante los grandes esfuerzos. | 1 | 2 | 3 | 4 |
| 5. Estudio de forma sistemática los fines de semana aquello que me parece más relevante o difícil de asimilar. | 1 | 2 | 3 | 4 |
| 6. Las autoafirmaciones negativas que me surgen al verme con todo atrasado las sustituyo por otras de superación a medida que voy cumpliendo aquello que me propongo. | 1 | 2 | 3 | 4 |
| 7. Mantengo el nivel de motivación en el trabajo. | 1 | 2 | 3 | 4 |

## 2.ª VARIABLE: ESQUEMAS

|  | Nunca | A veces | Casi siempre | Siempre |
|---|---|---|---|---|
| 1. Es para mí muy importante contar con el apoyo de los compañeros para no desistir en el intento de autocontrol. | 1 | 2 | 3 | 4 |
| 2. Me siento muy apoyado por las personas que viven conmigo, se preocupan por lo que hago y por cómo me va, se interesan y me preguntan. | 1 | 2 | 3 | 4 |
| 3. Mi familia me ha ayudado con las expectativas que tienen sobre mi rendimiento. | 1 | 2 | 3 | 4 |
| 4. Los comentarios hechos en clase por el profesor y los compañeros me ayudan a valorarme más. | 1 | 2 | 3 | 4 |
| 5. Tanto mis expectativas como las de la gente que me rodea inciden, de un modo significativo, en mi autoconcepto y rendimiento académico. | 1 | 2 | 3 | 4 |
| 6. Intento superar día a día mis propios complejos y miedos. | 1 | 2 | 3 | 4 |
| 7. Los refuerzos que recibo de mis compañeros y amigos son para mí una motivación. | 1 | 2 | 3 | 4 |

## 3.ª VARIABLE: EXPECTATIVAS

| | Nunca | A veces | Casi siempre | Siempre |
|---|---|---|---|---|
| 1. Los buenos resultados académicos me refuerzan positivamente a continuar trabajando de la misma forma que lo vengo haciendo. | 1 | 2 | 3 | 4 |
| 2. Los buenos resultados en rendimiento académico influyen en mi autoconcepto y este, a su vez, como si se tratase de una cadena, en el rendimiento posterior. | 1 | 2 | 3 | 4 |
| 3. Cuando me propongo algo y lo consigo, me siento bien conmigo mismo. | 1 | 2 | 3 | 4 |
| 4. La gente de mi entorno cree en mis posibilidades, yo lo sé y esto hace que luche con más fuerza porque no quiero defraudarles. | 1 | 2 | 3 | 4 |
| 5. He comprobado que es eficaz apuntar en un papel lo que me viene a la cabeza cuando estoy estudiando. | 1 | 2 | 3 | 4 |
| 6. Cuando termino de estudiar, compruebo si he conseguido las metas propuestas. | 1 | 2 | 3 | 4 |
| 7. Doy prioridad a las necesidades y tareas más próximas. | 1 | 2 | 3 | 4 |

## 4.ª VARIABLE: VALORACIÓN DE LA SITUACIÓN

| | Nunca | A veces | Casi siempre | Siempre |
|---|---|---|---|---|
| 1. A partir del conocimiento de mí mismo puedo poner remedio a mis limitaciones. | 1 | 2 | 3 | 4 |
| 2. Subrayar y hacer esquemas me ayuda a mantener la atención. | 1 | 2 | 3 | 4 |
| 3. Mi aprendizaje no es mecánico: leo, razono y después memorizo de forma comprensiva. | 1 | 2 | 3 | 4 |
| 4. Adapto los objetivos a corto plazo a las circunstancias contextuales de los acontecimientos diarios del curso. | 1 | 2 | 3 | 4 |
| 5. A pesar de la acumulación de trabajos, exámenes y clases, consigo mantener la tranquilidad. | 1 | 2 | 3 | 4 |
| 6. Logro todas mis metas en el tiempo estimado. | 1 | 2 | 3 | 4 |
| 7. Me relaciono con personas que se encuentran en mi misma situación para poder seguir su ritmo. | 1 | 2 | 3 | 4 |

## 5.ª VARIABLE: AUTORREGULADORES Y PLANES

| | Nunca | A veces | Casi siempre | Siempre |
|---|---|---|---|---|
| 1. Programo para mi estudio calendarios semanales y mensuales. | 1 | 2 | 3 | 4 |
| 2. Cada día planifico mi estudio. | 1 | 2 | 3 | 4 |
| 3. Me distribuyo equitativamente las tareas a lo largo de la semana. | 1 | 2 | 3 | 4 |
| 4. Leo, comprendo y estudio todos los días lo que he dado en clase. | 1 | 2 | 3 | 4 |
| 5. Evalúo diariamente las metas que me he propuesto y apunto en un cuaderno cómo me encuentro cuando las he conseguido y las razones por las que no he logrado conseguir otras. | 1 | 2 | 3 | 4 |
| 6. Escribir una planificación me empuja a ponerme a estudiar y reflexionar más profundamente sobre ello. | 1 | 2 | 3 | 4 |
| 7. Con la planificación he aprendido a controlarme. | 1 | 2 | 3 | 4 |

## 4. ADAPTACIÓN DE LA HERRAMIENTA APRENDER PENSANDO A FORMATO ELECTRÓNICO

### 4.1. GRUPO DE INNOVACIÓN DOCENTE

En las IV Jornadas de Innovación Docente de la Universidad de Valladolid (septiembre, 2008) se facilitó al profesorado asistente la publicación **Aprender Pensando: Validez de la herramienta** (Calleja, 2008).

Tras su difusión, un grupo de profesores de distintas titulaciones y centros universitarios se sintieron atraídos por la posibilidad de ofrecer al alumnado el uso de la herramienta.

Este común interés dio lugar, durante el curso académico 2008-09, a la formación de un grupo piloto al que denominamos «profesores en red», que decidió reunirse semanalmente durante el mes de octubre y que se propuso los siguientes objetivos:

1.º.-Analizar los objetivos y contenidos del proyecto «Aprender Pensando: adquisición de estrategias generales de aprendizaje».

2.º.-Relacionar los objetivos y contenidos de dicho proyecto con el planteamiento que sobre el aprendizaje del estudiante se describe en el Espacio Europeo de Educación Superior (EEES).

3.º.-Desarrollar una página web con la aplicación de la herramienta Aprender Pensando, nivel Universidad, adaptada a formato electrónico.

Posteriormente, el grupo piloto se transforma en un grupo de innovación docente (GID). Redactan el proyecto «Aprender Pensando: adquisición de estrategias de aprendizaje autorregulado y desarrollo de competencias transversales». Lo presentan y es aprobado en dos convocatorias de proyectos de innovación docente, dentro del marco del Plan Estratégico del Vicerrectorado de Docencia de la Universidad de Valladolid: Acciones de Apoyo a la Innovación Docente (GID 2010 y 2011).

### 4.1.1. OBJETIVOS

El profesorado que formó parte del Grupo de Innovación Docente se propuso como objetivo general integrar en la práctica docente el entrenamiento del alumnado en la adquisición de estrategias generales de aprendizaje autorregulado y el desarrollo de competencias transversales.

Se procedió a la adaptación multiplataforma del modelo 3 de la herramienta Aprender Pensando, que se utilizó como instrumento de autoevaluación para la consecución de los siguientes objetivos específicos:

- Entrenar a los estudiantes a detectar los puntos fuertes y débiles del proceso personal de aprendizaje.

- Organizar la tarea en el tiempo.
- Planificar metas reales, asequibles y posibles.
- Controlar el proceso de atención en clase y en el estudio personal.
- Entrenar al alumnado en el uso de sucesivas autoevaluaciones sobre:
    - Autorregulación de la conducta y control de distracciones.
    - Consecución de sucesivos planes y metas.
    - Estado emocional siguiente a la consecución de dicha metas.

### 4.1.2. COMPETENCIAS

Las competencias se dividen en:
- A. Instrumentales:
    - Capacidad e interés por el aprendizaje autónomo: organización y planificación
    - Resolución de problemas
    - Toma de decisiones
- B. Personales:
    - Trabajo en equipo interdisciplinar
    - Trabajo en un contexto internacional
- C. Sistémicas:
    - Aprendizaje autónomo y autorregulado
    - Adaptación a nuevas situaciones
    - Iniciativa y espíritu emprendedor
    - Motivación por la calidad

### 4.1.3. PARTICIPANTES

Durante los tres cursos académicos, llegan a firmar el proyecto 58 profesores, adscritos a 30 áreas de conocimiento diferentes, con docencia en 90 asignaturas de 70 titulaciones, que ofrecen el modelo 3 de la **herramienta Aprender Pensando** al alumnado correspondiente. Se registran y la usan con continuidad 1484 estudiantes que utilizaron el modelo 3 de la herramienta Aprender Pensando como instrumento de autoevaluación reflexiva que les facilitó el entrenamiento en la adquisición de estrategias generales de aprendizaje autorregulado y competencias transversales.

El estudiante, PENSANDO, reflexiona sobre cómo puede mejorar su forma de APRENDER y analiza qué procedimientos de decisión estratégicos considera más convenientes practicar para lograr el objetivo de mejorar su personal proceso de APRENDIZAJE.

Esta experiencia favoreció la interrelación entre el alumnado y el profesorado.

La administración y gestión de la herramienta se delegó en la empresa BIP Asesoría Tecnológica.

El desarrollo había sido contratado a través de esta a la empresa de base tecnológica Logiciel Software Factory, participada por el Parque Científico Universidad de Valladolid. Ambas empresas se encargaron del desarrollo y mantenimiento de la aplicación.


## 5. CONCLUSIONES

El uso continuado de la herramienta Aprender Pensando, nivel Universidad, ha permitido al alumnado el entrenamiento en:

- **Resolución de problemas**, aplicado al aprendizaje permanente: planes, metas y autorregulación (Calleja, 1994).
- **Estrategias generales de aprendizaje**, entendidas como el conjunto de procedimientos utilizados por el estudiante que le permiten controlar su propio proceso de aprendizaje regulando intencionalmente sus recursos cognitivos.
- **Autoevaluación y autorregulación**, que han permitido al alumnado observar su efectividad.

Hay que destacar la producción científica de diversas comunicaciones presentadas en diferentes congresos nacionales e internacionales y el desarrollo de un proyecto fin de carrera de Ingeniería de Telecomunicación, así como el interés por llevar a cabo diferentes investigaciones sobre los datos obtenidos.

Para los profesores que formaron parte de los grupos de innovación docente, supuso una experiencia muy productiva a nivel interdepartamental. Resultó enriquecedor para todos el hecho de aunar esfuerzos y compartir el objetivo común de incluir en la práctica docente la herramienta Aprender Pensando como instrumento de autoevaluación y entrenamiento en la mejora del aprendizaje de nuestros estudiantes.

Desde el buen recuerdo de aquella experiencia, animamos al profesorado de los distintos niveles educativos a participar en posibles proyectos que ofrezcan a los estudiantes la posibilidad de entrenarse en la adquisición de estrategias generales de aprendizaje.

La posible adaptación a formato electrónico de los distintos modelos de la herramienta Aprender Pensando ofrece la posibilidad de acceso a muchos estudiantes y fomenta la participación entre el profesorado y el alumnado, y ambos entre sí.

Implicarse en la aplicación de esta tarea requiere, como hemos visto en los resultados anteriormente presentados, una sencilla información y formación para el profesorado. Animar al profesorado, familias y estudiantes ha sido una de nuestras pretensiones al realizar esta publicación.

En el modelo 3 de la herramienta Aprender Pensando, se detallan sencillas actividades prácticas de los estudiantes que participaron en las distintas intervenciones. Todas ellas informan sobre el resultado de cómo fueron capaces de transformar la teoría de los distintos procesos en conducta estratégica. Estas actividades están dirigidas a la mayor y mejor implicación de otros estudiantes en su personal proceso de **APRENDER PENSANDO**.

EDITORIAL
brief